ÉVOLUTION

DE

L'IDÉE DIVINE

(SIMPLE APERÇU)

PARIS

V. GIARD & E. BRIÈRE

LIBRAIRES-ÉDITEURS

RUE SOUFFLOT, 16, ET RUE TOULLIER, 12

1908

OUVRAGES DE C. RENOOZ

L'œuvre de Madame Céline Renooz comprend deux séries : la série scientifique et la série historique.

La série scientifique est une synthèse des lois de la Nature divisée en cinq livres, publiés sous le titre général de **La Nouvelle Science.**

Le premier livre explique les lois de la Cosmologie, c'est la **Force** dans l'Univers (librairie de Rudeval).

Le second livre s'occupe de l'apparition de la vie à la surface terrestre — la Protogénèse.

Il est intitulé **Le Principe Générateur de la Vie** (librairie de Rudeval).

Le troisième livre expose les lois qui président à l'évolution des Etres. Cet ouvrage a été publié plusieurs fois :

En 1882, sous le titre de : **L'Origine des Animaux** (librairie de Rvdéval).

En 1890, en un volume intitulé : **Evolution des Mammifères** (librairie J.-B. Baillière).

En 1905, il en a été fait une troisième édition : **L'Origine végétale de l'Homme** et des Animaux aériens (librairie Maloine).

Le quatrième livre de *La Nouvelle Science* étudie la **Physiologie des Sexes,** cette science donnant une base nouvelle en montrant que la polarité des éléments sanguins et nerveux étant inverse dans les deux sexes, aucune des fonctions de la vie n'est identique chez le mâle et chez la femelle

Ce livre n'a pas encore été publié.

Le cinquième livre : **Psychologie comparée de l'Homme et de la Femme,** montre que la psychologie qui se greffe sur la physiologie crée chez l'Homme et chez la Femme des différences fondamentales dans la façon de penser, d'agir et d'aimer.

Cet ouvrages établit les bases scientifiques de la Morale (librairie de Rudeval).

OUVRAGES DIVERS

La Religion Naturelle restituée (Dépôt des Publications Néophiques, rue de la Tour, 9).

La Loi des Sexes (même adresse).

La Science et l'Empirisme (Librairie de Rudeval).

La Nouvelle Doctrine de l'Evolution (Résumé du Livre III de *La Nouvelle Science*). (Librairie de Rudeval.)

ÉVOLUTION DE L'IDÉE DIVINE

(SIMPLE APERÇU)

C. RENOOZ

ÉVOLUTION

DE

L'IDÉE DIVINE

(SIMPLE APERÇU)

PARIS

V. GIARD & E. BRIÈRE

LIBRAIRES-ÉDITEURS

RUE SOUFFLOT, 16, ET RUE TOULLIER, 12

1908

ÉVOLUTION DE L'IDÉE DIVINE

La croyance à l'existence d'une ou de plusieurs divinités existe dans le monde depuis l'antiquité la plus reculée. Elle s'est répandue sur toute la terre et règne encore dans l'esprit d'un grand nombre de personnes restées engagées dans les religions, ou qui, n'appartenant plus aux cultes reconnus, se sont ralliées à des philosophies déistes

L'homme adore — ou nie — la divinité depuis les premiers jours de son évolution consciente. Ce fait est indéniable, il a rempli l'histoire, il a alimenté les discussions philosophiques, créé des conflits, suscité des guerres. Qu'est-ce donc, au fond, que cette idée si répandue? Et comment se fait-il que dans sa forme actuelle elle nous semble une chimère, alors que dans ses formes antérieures elle a eu tant de puissance sur l'esprit des hommes? Car, on ne peut nier que pendant des siècles l'homme a été dominé par l'idée qu'il existe une puissance supérieure à lui, qu'on lui a fait un devoir d'adorer et en qui il a mis sa confiance quoiqu'il n'en comprenne pas la nature.

Un intérêt capital s'attache à cette étude car il ne suffit pas de nier pour détruire une croyance; une négation n'a jamais détruit des convictions contraires. Il faut expliquer l'histoire, provoquer des études nouvelles, faire réfléchir les indécis. C'est d'autant plus nécessaire que ceux qui n'ont fait que des recherches superficielles expliquent les origines d'une façon inexacte qui, remplaçant une erreur par une autre erreur, éloignent de la vérité au lieu d'y aboutir.

A l'heure actuelle les religions encore existantes se retranchent derrière la divinité comme derrière un dernier rempart.

Tous les autres dogmes possèdent assez d'élasticité pour s'accommoder avec les progrès de la science — la casuistique aidant — l'idée de Dieu, seule, ne le peut pas, elle reste entière, immuable. Pour le prêtre elle est irréfragable, c'est à dire de celles qu'on ne peut contredire, et j'entendais un jour un théologien catholique dire dans une conférence contradictoire que l'on pouvait expliquer le miracle en montrant que c'était l'effet d'une loi de la nature connue de Dieu mais inconnue des hommes et que tout dans les dogmes pouvait trouver une explication satisfaisante pour la raison, à la condition que la croyance en Dieu ne soit pas ébranlée car ajoutait-il, si l'on renversait Dieu, tout s'écroulerait.

L'idée divine c'est le ciment qui tient attachées toutes les pierres de l'édifice dogmatique, supprimez-là et tout se désagrège.

Ceci nous fait comprendre combien la question divine est importante puisque d'elle dépend l'existence ou la disparition des religions. C'est le grand problème qui est à l'origine de toutes discussions philosophiques. Résoudre cette question c'est faire faire un pas immense à l'évolution de la pensée, sans cesse retardée par des disputes qui semblent insolubles tant les uns et les autres mettent d'entêtement dans leurs affirmations ou dans leurs négations.

Voyons donc d'où vient l'idée divine, quand elle a pris naissance dans l'esprit des hommes, quelle a été sa signification primitive, comment elle a évolué et quel est l'état actuel des esprits à ce sujet.

*
* *

L'idée divine est née d'un sentiment. C'est donc dans la vie sentimentale qu'il faut en chercher l'origine.

L'homme a créé ses dieux suivant son état psychique, c'est à dire sentimental.

Mais le sentiment se manifeste chez lui de façons très diverses aux différents âges de la vie.

Au début de l'existence l'adolescent a des sentiments exhubérants qui lui font rêver un idéal élevé ; un besoin d'adoration emplit son âme, des élans de générosité l'animent, il veut aimer et se dévouer.

— Arrivé à l'âge viril ses sentiments se modifient, ses adorations prennent un caractère plus sensuel, des jalousies surgissent en lui, des haines, souvent féroces; il devient égoïste, personnel, ne pratique plus le sacrifice mais volontiers l'impose aux autres, son idéal s'amoindrit, il cherche à dominer plus qu'à aimer.

— Enfin, dans l'âge mûr, l'homme a complètement oublié l'idéal lointain de sa jeunesse, à peine y croit-il tant son état mental a changé — souvent même il raille dans le jeune homme les sentiments qu'il n'a plus. Il prétend obéir à la raison quoique cet âge soit quelquefois pour lui une période de dégénérescence qui l'en éloigne. Sa préoccupation se tourne surtout du côté des intérêts matériels, il n'envisage plus la vie morale que comme une gêne dont il vaut mieux ne pas s'occuper.

Ces trois phases de la vie humaine ont été traversées par l'humanité toute entière qui — partout — a évolué en passant de l'adolescence à l'âge adulte, et de l'âge adulte à la vieillesse.

Il résulte de ces trois phases de la mentalité humaine que l'idée divine a eu également trois phases, parce qu'elle a toujours été le reflet des sentiments de l'homme.

Elle s'est modifiée à toutes les époques de sa vie pendant qu'il se modifiait lui-même.

Les trois Phases de l'Idée Divine

La première forme de l'idée divine est représentée dans la Théogónie ou Théogénie par des divinités féminines. La Déesse a précédé le Dieu.

C'est la longue période de la *Religion naturelle* pendant laquelle la divinité est vivante sur la terre.

C'est le règne des Déesses chantées par Hésiode.

Cette première phase commence à une époque lointaine qu'il est impossible de préciser. — Elle finit vers le dixième siècle avant l'ère actuelle.

— La seconde forme donnée à l'idée Divine est représentée par le Polythéisme dans lequel les Dieux règnent à côté des Déesses et leur disputent le pouvoir. Ce sont leurs luttes qui sont racontées dans les poèmes héroïques.

Mais ces Dieux et ces Déesses ne sont encore que la repré
sentation des qualités ou des défauts de l'Homme et de la
Femme.

Le Polythéisme s'infiltre peu à peu dans la Théogonie et
finit par triompher en reléguant dans le Ciel les Déesses vain-
cues sur la Terre. C'est le commencement du symbolisme
astronomique qui ouvre l'ère du surnaturel.

Cette forme religieuse commence vers le xe siècle avant
notre ère et dure jusqu'au triomphe du christianisme.

— La troisième forme de l'idée Divine est l'Anthropomorphisme, c'est-à-dire l'introduction dans le monde d'un Dieu
unique — sous une forme masculine — régnant dans l'univers tout entier et résumant dans son unité toutes les Divinités des époques antérieures dont il a renversé les autels.

Les religions basées sur l'Anthropomorphisme commencent
avec l'ère actuelle; elles ouvrent la période sombre du surnaturel et du despotisme.

*
* *

Nous avons dit que ces trois formes données à la Divinité
représentent les trois formes de la vie humaine.

En effet, la Théogonie est l'expression des sentiments de la
jeunesse. Elle est née spontanément dans l'humanité jeune
parce qu'elle répond à un besoin du cœur de l'homme — le
besoin d'adorer la Femme.

La seconde forme de l'idée Divine a été le prétexte des
luttes de sexes, des jalousies, des haines qui apparaissent
chez l'homme adulte dont les instincts deviennent violents et
lui suggèrent des actes irraisonnés quand ils ne sont pas
tempérés par l'expérience des douleurs morales et sociales.

La troisième forme Divine a été le résultat d'un état mental
obscurci, accompagné de l'ardent désir de domination qui
se développe avec l'âge chez certains hommes. C'est ce qui
caractérise les races vieillies, les peuples dégénérés dont les
croyances sont des folies, dont l'autorité est un despotisme
sauvage.

*
* *

La troisième forme de l'idée Divine et de la Religion qui

en est la conséquence, étant celle qui règne encore autour de nous, est très connue. La seconde, la forme antérieure, l'est moins, quoique l'antiquité classique l'explique. Mais celle qui les a précédées toutes les deux — la primitive Religion naturelle — n'est connue que de rares savants, parce que, à travers les siècles, les générations de Prêtres qui se sont succédées se sont toutes appliquées à en dénaturer la tradition, à en altérer les Écritures, quand elles ne purent pas les détruire afin d'en effacer le souvenir qui, longtemps, ne s'est propagé que par les sociétés secrètes.

Chaque nouvelle forme religieuse qui a voulu s'élever sur celle qui la précédait, a provoqué dans le monde une période de troubles, de révolutions, pendant laquelle on changeait toutes les institutions sociales et on détruisait les documents qui servaient de base à la forme antérieure que l'on persécutait à outrance. C'est toujours au milieu des plus grandes violences que les substitutions religieuses se sont faites. C'est par la contrainte en même temps que par la ruse et le mensonge que l'on faisait accepter des dogmes nouveaux qui venaient tous détruire une partie de l'héritage antique des vérités primitivement connues.

PREMIÈRE PHASE DE L'IDÉE DIVINE

La Déesse

C'est dans le mot « Déesse » que se résume toute la poésie de l'histoire.

Pour comprendre l'origine de cette conception il faut remonter aux origines de la vie humaine, à l'époque lointaine où l'homme-enfant, au sortir de l'insouciance d'une vie végétative, commence à voir s'éveiller en lui les facultés dont il disposera dans sa vie adulte.

C'est pendant l'âge de transition — l'adolescence — que la vie sentimentale se révèle à lui.

Suivons cette évolution chez nos adolescents actuels et nous verrons se reproduire en eux les faits psychiques qui ont été l'origine de la première *Religion naturelle* (si toutefois ils vivent loin de la corruption des villes qui altère tous les bons instincts).

A ce moment — de 12 à 18 ans — de grandes différences se produisent entre les garçons et les filles.

La fillette qui devient femme embellit, son intelligence prend un développement étonnant, son évolution psychique lui donne les caractères de la spiritualité et de la pureté dont le symbolisme a doté les anges ; sa bruyante gaîté trahit le bonheur intime que lui donne la plénitude de vie qui s'affirme en Elle. Sa jeunesse est une floraison qui fait éclore toutes les sensibilités, toutes les tendresses. Et avec cela nulle timidité : Elle s'affirme quand elle est libre, mais les entraves que crée la Société actuelle la rendent timide, craintive, elle a une perception intime qui lui dit que la bonne Nature l'a traitée en privilégiée, mais qu'elle doit cacher toutes ses grandeurs parce que cela inspire des jalousies.

Michelet dit d'Elle : « La charmante et terrible puissance qui se révèle chez la Femme après l'amour lui donne les sept Esprits ; les sept Dieux de Syrie sont nés de ses désirs.

Les sept esprits sont : la science, la bonté, la pureté, la vaillance, la douceur libérale, le génie de la vie productive (dont on fera la Providence), l'Esprit vivificateur. Elle est noble et fière, Elle est Reine. *Il* est étonné d'Elle, *il* en a presque peur tant Elle est imposante et belle. » (Dans *La Bible de l'Humanité*).

Chez le jeune garçon les changements qui surviennent au moment de l'adolescence sont très différents ; il perd la beauté de l'enfance, sa voix devient grave et sourde, son esprit s'obscurcit, ses idées se troublent, les lois de sa physiologie masculine lui imposent un état nouveau qui l'inquiète, l'intimide, surtout en face de la Femme en qui le même trouble ne se produit pas; et à ce moment, il sent toute la différence qui le sépare d'Elle.

Elle a marché plus vite que lui dans l'évolution, Elle est sa *grande sœur*, alors qu'Elle a le même âge que lui. C'est ce que Fabre d'Olivet exprime quand il dit :

« Femmes, vous offrez les charmes de l'adolescence à l'époque où l'homme n'est encore qu'un enfant et vos tendres regards trahissent déjà les émotions de votre âge quand il ignore leur existence. » (*État social*, p. 110).

LE PREMIER CULTE

Cependant une mystérieuse attirance va les rapprocher, l'amour va naître et va être l'origine du premier culte.

Le premier mot de toute Religion est l'adoration.

Dans l'enthousiasme des premiers élans il soupire, il chante, il exhale son âme aimante: c'est la *louange*, il demande des faveurs: c'est la *prière*.

Quel adolescent n'a pas éprouvé (l'atavisme aidant) l'enthousiasme poétique de la première jeunesse.

« Il se trouve dans tous les hommes un poète qui meurt jeune », a dit Sainte-Beuve.

Il veut lui plaire et pour se rendre agréable lui apporte les plus belles fleurs, les plus beaux fruits que produit la splendide nature au sein de laquelle ils vivent.

C'est l'*offrande*.

Plus tard viendra le dernier acte de ce culte naturel : la

communion, qui est un acte sacré, c'est à dire qui consacre celui à qui il est permis.

Et c'est ce qui a inspiré à Lamartine ces deux vers :

> « Et l'on ne peut à l'heure où les sens sont en feu
> « Etreindre la beauté sans croire embrasser Dieu ».

Le temps des amours purs est long dans la vie primitive dont la vie actuelle n'est qu'une rapide récapitulation.

Il a laissé dans l'esprit de l'homme une profonde empreinte qui lui rappelle toujours que le sentiment religieux est né d'un amour *spirituel* qui l'a élevé au-dessus de sa propre nature. La Femme qui lui a inspiré cet amour prend à ses yeux un prestige infini, il l'admire, voit en Elle un Etre supérieur à lui en beauté, en grâce, en sagesse, en science, car c'est Elle qui, pendant leurs longues conversations des soirs d'été, lui explique le ciel, dont Elle a compris les lois, et toute la Nature qui les entoure et qui est leur seule préoccupation, la vie sociale n'étant pas née.

Elle est pour Lui un être au-dessus de sa nature, et alors le mot sur-naturel veut seulement dire sur-masculin, c'est à dire au-dessus de la nature de l'homme.

Elle a intensifié sa vie, il l'écoute *religieusement*, car la première Religion fut « le lien moral qui unit l'homme à la Femme ». Il sait que sa parole est Vérité, il croit ce qu'Elle dit, c'est la *foi* à sa naissance. Et c'est cela qui a laissé dans les âges suivants l'idée qu'une parole Divine a expliqué à l'homme les mystères de la Nature.

« Les Muses, dit Hésiode, chantent les lois de l'Univers », c'est pour cela que la première religion — la Théogonie — place au sommet de la vie la Déesse personnifiant le Génie féminin.

Impossible de comprendre l'évolution de l'idée Divine si l'on ne remonte à l'état d'âme qui était celui de l'adolescent au moment où se manifesta la première conception du « Divin ».

« L'arrière-fond de toute religion, dit Paul Bourget, est un état moral que nous pouvons retrouver en nous à un moment donné. »

Origine des Noms Divins

Les langues primitives possèdent toutes un terme qui désigne les femmes en général, en leur donnant un caractère de supériorité morale,

En sanscrit — langue créée et parlée aux Indes pendant toute l'époque théogonique, c'est le mot « Devâ » qui a cette signification. La Femme est appelée « la Devâ » comme dans les temps modernes nous disons « la Dame ». Ce mot — ou plutôt ce titre — se met devant les noms féminins (Deva-Nagy, Deva-Datta, etc.). C'est ainsi que nous faisons aussi quand nous disons Dame Suzanne, Dame Marie, etc.

Le mot Devâ (plus tard Dievâ) représente l'Esprit, il signifie « ce qui brille par l'intelligence » et si je m'y arrête c'est parce que ce mot a eu une destinée extraordinaire, il a servi à former une quantité de termes restés dans les religions et dont il faut connaître l'origine, tels les mots *dévot, dévotion, diva, divinité, divan* (nom donné aux poèmes sacrés des Arabes), *Diev*, dont on fait *Dieu* au moyen-âge quand on commence à remplacer le *v* par un *u*.

Dans les langues slaves, le mot *Dieva* a gardé sa signification sanscrite, il représente la femme jeune, celle qu'on aime, et les Russes vous diront : la *Dieva* c'est la jeune fille, c'est la Vierge, ou bien : c'est la *fiancée*.

— Dans la langue primitive des Perses, le zend, nous trouvons le mot Mazdao, qui veut dire « *grandement savante, omnisciente* » et le mot Ahoura ou Asoura qui signifie : « vivant d'une vie spirituelle ».

Comme chez les Hindous, on réunira les deux termes et on en fera Ahoura-Mazda, puis avec le temps de ces deux mots on en fera un seul et on dira *Oromaze* et finalement, par la déformation vulgaire des langues, on arrivera à dire *Ormuzd*. C'est ce mot qui restera pour désigner la Divinité des anciens Perses.

C'est de ce mot Ahoura ou Ashoura, qui, dans certaines régions, devient Asha ou Aischa (la Femme), que l'on fait le nom de l'Asie qui signifie « Terre des Déesses ».

Le mot A-houra est devenu houria et finalement houri. Chez les Ibères ce mot est devenu *Hada* qui veut dire fée, et par cette voie le mot passe chez les Celtes où le mot *Hada* est devenu Fata (la fée).

— Dans l'Arabie primitive nous trouvons les *Almées*, terme qui veut dire « celle qui sait ». On disait « *Alma geste* » (la très grande) et de là on fera Ma-jesté.

Ce mot Almée est l'origine du mot *Alma* (âme) et l'homme oriental dit encore à la femme qu'il aime « alma mia » (mon âme).

— Chez les Phéniciens, de la racine « star » (étoile), c'est à dire ce qui brille, on fait Astar ou Istar, et en y ajoutant le vocable « thé » qui veut dire « parfait » on a Astar-thé, le nom de la grande Déesse phénicienne. C'est de ce mot « *Thé* » que viendra le *Théos* des grecs.

— En Egypte nous trouvons des multitudes de Déesses, cer nulle terre n'a rendu à la Femme un culte aussi splendide. Mais toutes sont mises au second plan par la Grande Déesse Isis qui brilla pendant trente siècles et dont les Gaulois et les Romains célébraient encore le culte au commencement de l'ère chrétienne.

A Héliopolis la Déesse Ra (la Rhéa des Grecs) a un surnom qui veut dire « *venue de sa grandeur* », c'est à dire ne devant rien qu'à elle-même.

La Déesse Hathor représente la beauté, la bonté, la vérité. Sapheth est la Déesse des livres et des bibliothèques. Ce qui prouve qu'il y avait déjà des écrits.

— Chez les Grecs de Devâ on fait Dia-Mater et finalement Déméter, la grande Déesse d'Eleusis.

Héra est la souveraine d'Argos. Elle est appelée « législatrice » comme Cérès.

Athénée — surnommée Minerve — est la Déesse qui fonde Athénes et y règne. Elle représente la sagesse féminine et c'est son culte qui, pendant longtemps, résumera le sentiment religieux de la Grèce.

C'est en son honneur que sur l'Acropole d'Athènes on élèvera le Parthénon, qui fut le plus beau temple de l'antiquité.

Minerve représente l'intelligence, la pensée, l'invention. Son nom vient de *men* (en sanscrit *manas*) dont on fait *Mens* (l'esprit).

— Chez les Etrusques nous voyons que la Deva est devenue Dia ou Dea et enfin Diana.

La Bona-Dea (la bonne Déesse) deviendra plus tard « le bon Dieu » quand elle sera caricaturée par les Prêtres.

La Grande Déesse Junon représente aussi la lumière de l'esprit. Elle est « *le Ciel sur la Terre* », et ce symbolisme qui consiste à mettre le « ciel » dans une personnalité vivante aura dans la seconde forme religieuse, dont nous allons bientôt nous occuper, une interprétation dangereuse ; renversant l'idée première on mettra les Déesses — puis les Dieux qu'on va créer — dans le Ciel, au lieu de mettre le Ciel dans la Déesse. Junon porte des créneaux sur la tête pour indiquer qu'elle a fondé des villes. Elle a été l'architecte qui édifie.

Dans toutes les Ecritures primitives on parle des *architectes* (archi-tekton en grec — tekton charpente — ce qui soutient une œuvre), synthétisés par le Théos collectif (toutes les Déesses) qui, « par une série de fondations font naître tout ce qui concourt à organiser la vie spirituelle et la vie matérielle, qu'on exprimait symboliquement par « le Ciel et la Terre ».

Je ne veux pas terminer ce résumé sans nommer la Vénus-Lucifera des Etrusques, la Déesse porte-lumière qui représente l'Esprit en même temps que la beauté et qui sera particulièrement attaquée et outragée puisque son glorieux surnom *Lucifera* servira aux chrétiens à désigner l'esprit du Mal, l'ange des Ténèbres.

Les Attributs de la Divinité.

Dans toutes les anciennes traditions, la Déesse est représentée comme un Génie tutélaire veillant sur l'homme. Hésiode dit : « Il existe sur la Terre trente mille Déesses immortelles chargées de veiller sur les hommes ».

Ceci explique l'organisation primitive du Matriarcat et de la gynécocratie, ce gouvernement des Femmes, qui consistait à veiller au bien-être de tous. C'est de cette organisation qu'est née l'idée de *Providence* (pro videre) celle qui pourvoit.

— Donc la Providence Divine, c'était la providence féminine.

— La Protection Divine également.

Il est très utile d'étudier les attributs des Déesses primitives, parce que ce sont ces mêmes attributs qui seront donnés aux Dieux masculins dans la seconde forme religieuse et dont on dotera même le Dieu surnaturel et antropomorphique des religions modernes. Nous allons voir que ce qui a une signification vraiment grande et poétique dans la religion naturelle devient une aberration folle dans les religions sur-naturelles des Prêtres.

Ainsi lorsque l'amour divin était l'amour féminin, l'homme qui faisait quelque chose pour l'amour de la Déesse, agissait selon une loi de sa nature psychique bien réelle.

Mais que signifie cet amour quand la Divinité est un homme un Dieu ou une entité surnaturelle, incompréhensible, parce qu'elle ne représente que le néant.

Faire quelque chose *au nom de Dieu* c'était agir au nom de la Déesse, avec son assentiment, c'était agir pour elle, d'où cette expression : *pour Dieu.*

A cette époque reculée, l'homme jeune ne craignait pas d'obéir à la Déesse (*obéir à Dieu),* il voulait gagner ses faveurs, mériter *la grâce de Dieu;* il craignait de lui déplaire parce qu'il redoutait *la colère divine* ; c'est que la Déesse outragée se vengeait et l'on gardait le souvenir de « *la Vengeance Divine* » comme d'une chose redoutable. On savait que si la Femme pardonne souvent (elle est alors le *Dieu de miséricorde*) Elle a cependant des rancunes terribles, ce qui la fait craindre, aussi l'on disait alors que *la vengeance est le plaisir des Dieux.*

La *crainte de Dieu* n'était alors que la retenue de l'homme devant la Femme dont il craignait le jugement.

C'est le Droit de la Déesse qui fut appelé le « droit Divin ». C'est sa Justice (que Thémis symbolisait) qui était la Justice Divine.

C'est à cette époque reculée que l'on créa certains dictons restés dans toutes les langues, comme ceux-ci :

> « L'homme s'agite et Dieu le mène »
> « Ce que Femme veut Dieu le veut ».

La Déesse avait été aussi le « Dieu de paix ».

Mais la paix de cette époque lointaine ne devait pas tou-jours durer. Elle allait disparaître du monde avec la perver-sion qui allait naître en même temps que le développement de la force musculaire qui allait donner à l'homme des instincts de lutte, de l'audace et un germe de mépris pour la faiblesse et la souffrance des autres. On dirait que, à ce moment, sa personnalité se dédouble, il n'est plus l'être rationnel des premiers jours, la moitié de son moi devient un être passionnel qui va l'entraîner — presque malgré lui — dans la mauvaise voie.

C'est cette évolution dans une nouvelle direction, qui le met en opposition avec la Femme qui continue à évoluer dans la direction première. Un travail opposé se fait en Elle, sa force musculaire diminue pendant que celle de l'homme augmente ; son esprit s'élargit pendant que celui de son compagnon se trouble ; il va vers l'action quand elle va vers la pensée abstraite. De ces deux courants contraire va naître la *confusion des idées*, ils vont cesser de vivre dans une entente absolue, l'homme ne va plus avoir *la foi en Dieu*, ils ne vont plus être *un* dans une pensée commune, mais *deux* qui se contredisent.

C'est cette confusion des idées qui a été appelée *Babel*. Abydène, un grec contemporain de Bérose, parlant de la confusion des idées qui se produisit à l'époque lointaine dont nous nous occupons, dit :

« On raconte que les premiers hommes, fiers de leur force et de leur taille, pleins de mépris pour les Divinités et se croyant supérieurs à Elles construisirent une haute tour qui est maintenant Babylone. Elle touchait déjà le ciel quand les vents vinrent au secours des Déesses, bouleversèrent l'édifice et le renversèrent sur les constructeurs. »

Le symbolisme de cette légende est transparent. Il s'agit de la première révolte, du premier schisme, empêchant la marche de l'évolution sociale, entravant le progrès, qui s'arrête quand il n'y a plus entente entre l'homme et la femme.

Cette première guerre se manifesta par des combats, des poursuites dans lesquels la Femme fut terrassée. C'est la lutte des Titans contre les Déesses, des géants (les hommes grands) contre les pigmées (les femmes petites). En Kaldée ce sont les Caïnites contre les Abélites, en Perse c'est Arhiman contre Ormuzd, en Egypte Typhon ou Osiris contre Isis, aux Indes, Schiva contre Vichnou, etc,

Aucun récit mythologique, aucun évènement relaté par les traditions populaire n'a jamais été une pure fiction ; chacun de ces récits repose sur un fond historique réel qui a été dénaturé par les Prêtres, pendant la seconde époque religieuse, pour cacher des faits sur lesquels se basait la religion naturelle qu'ils étaient venus renverser.

LES ÉCRITURES SACRÉES.

Ces luttes sont racontées dans toutes les Ecritures Sacrées et le sont d'une façon favorable aux Déesses et défavorables à leurs adversaires. Ce qui prouve que ce sont des femmes qui furent les auteurs de ces primitives écritures. C'est pour cela évidemment que l'on représentait les sciences et les arts par des Muses « chantant les lois de l'Univers » comme dit Hésiode.

Dans tous ces livres on expliquait la Cosmogonie, l'origine de la vie, l'histoire de l'évolution des animaux et celle de l'homme et finalement on formulait la loi morale.

Ce qui doit nous occuper ici c'est que dans ces primitives Cosmologies on expliquait le mécanisme de l'Univers par l'action d'une force émanant des astres incandescents. Cette force n'est autre que le dynamisme inhérent à la radiation des astres — surtout du Soleil dont l'action est la plus puissante sur la terre puisque c'est l'astre le plus rapproché de nous. — Cette force reçoit dans toutes les langues un nom qui est presque toujours une Onomatopée c'est-à-dire un mot qui représente imitativement une force.

Chez les Hindoux c'est « Bhram ».

Chez les Egyptiens c'est « Ptah ».

Les hébreux expriment cette force par un mot qui est au pluriel *Elohim* et que nous devons traduire par « les *radiations* » et non par les *Dieux* comme l'ont fait des traducteurs maladroits car si les *Elohim* sont des forces physiques qui gouvernent l'Univers et créent la vie, ces forces n'ont aucune action morale sur les hommes.

La force cosmique décrite dans toutes les Ecritures, est inconsciente de l'action qu'elle accomplit. On ne la confond jamais avec la Divinité qui est exclusivement terrestre et représentée par des femmes vivantes.

DEUXIÈME PHASE DE L'IDÉE DIVINE

Nous allons voir une révolution profonde se produire dans la conception de l'idée Divine et dans les manifestations religieuses de l'humanité.

Les croyances primitives, exposées dans leur sincérité naïve, vont devenir l'objet d'attaques violentes, de luttes terribles, qui les auraient fait sombrer si ceux qui avaient intérêt à les conserver ne les avaient cachées dans des *Mystères* d'abord, dans des *Sociétés secrètes* ensuite.

Nous allons voir surgir une certaine catégorie d'hommes qui, prenant en haine la Nature et la Déesse qui en explique les lois, vont créer un système nouveau — le surnaturel — pour expliquer l'univers, la vie heureuse et la morale.

L'homme qui va, ainsi, créer l'imposture, c'est Hermès, le « Prêtre ».

*
* *

Comment cette fonction nouvelle s'introduisit-elle dans le monde? Quelle est son origine? Quelles furent les premières phases de son évolution.

L'histoire nous montre que les premiers hommes investis de fonctions dans la religion Théogonique sont des officiants mis au service de la Déesse et qui portaient le nom de « Prêtres Domestiques ».

Renan, dans le *Peuple d'Israël*, dit (p. 149) : « Le clergé est d'origine égyptienne. Les Israélites eurent probablement de ces sortes de *ministres* que chaque famille nourrissait pour les services qu'ils rendaient. C'est ce qu'on appelait un *adhérent*, un *aubain*, un *adjoint* à la tribu ».

t il explique que le mot *ministre* (en latin minister) veut dire serviteur ; il vient de *minor* (moindre) et c'est de là qu'est venu le mot *minine* donné à des ordres religieux.

Dans la Bible, nous voyons une femme, Milca, dire à un jeune lévite :

— D'où viens-tu ?

— Je suis lévite et je voyage pour chercher une demeure.

— Reste avec moi, *tu me serviras de prêtre* et je te donnerai dix sicles d'argent par année et des vêtements pour ton entretien.

Et Milca consacra le lévite.

Mais les Prêtres ne se contentèrent pas toujours de ce salaire et de cette position dépendante ; ils voulurent prendre, près de la Déesse, une situation de plus en plus prépondérante et c'est ce qui amena la discorde.

D'abord la Déesse et le Prêtre ne s'excluaient pas, ils se confondaient en une sorte de couple tel Hermès-Aphrodite, dont on fera le mot « Hermaphrodite ».

Aux Indes, le Brahman apparaît à côté de la Brahmine.

En Perse, le Mage s'élève à côté de la Magicienne.

Nous voyons le Druide à côté de la Druidesse qui régnait chez les Celtes depuis une haute antiquité et qui avait fondé partout des centres d'enseignement qu'on appelait « des Collèges de Druidesses ». Une femme plus remarquable que les autres y avait enseigné, la Volupsa — nom qui veut dire « Celle qui voit l'universalité des choses. »

Le druide ne dut pas être pour Elles un collaborateur bien utile, car on le compare au gui, plante parasite, pour indiquer qu'il vit aux dépens des autres.

Le prêtre qui s'élève ainsi partout est toujours désigné par un terme générique que l'on a souvent pris pour le nom d'un homme. Tels les Hermès en Égypte, les Zoroastre en Perse (dont le nom réel est Zarathustra, surnommé *Vidaeva Data* « donné contre les Dévas », contre les femmes).

Chez les hébreux leur révolte les met en dehors du régime familial et c'est pour cela que l'ordre lévitique est appelé « *Gerson* » (étranger en tous lieux).

La place toujours plus grande qu'ils prenaient alluma contre eux des colères. La prophétesse Hulda déclare impie le grand prêtre Helkya.

Le Prêtre destructeur de la Religion naturelle

La Déesse avait organisé la vie heureuse. La Théogonie, règne de la vérité, avait engendré la Théodicée, règne de la justice.

Le Prête voulut changer tout cela. Ne comprenant pas les lois de la Nature qui avaient servi à édifier le savant échaffaudage Théogonique, il rejeta ce qui ne semblait pas utile à ses intérêts, chercha à substituer à des vérités trop hautes pour son entendement, un enseignement plus concret et une morale plus complaisante.

C'est ainsi qu'il arriva à dénaturer la primitive science en prétendant l'expliquer.

« Hermès est l'emblème de la parole qui crée et interprète », dit Eusèbe. Le Prêtre va *interpréter*, en effet, mais si sa parole crée quelque chose c'est l'erreur. Et voici par quels artifices de langage il arriva à re-voiler les vérités dévoilées avant lui (1).

Les Prêtres égyptiens avaient trois manières de s'exprimer, l'une simple et claire, la seconde symbolique et figurée, la troisième sacrée ou hiéroglyphique.

Ils se servaient à cet effet de trois sortes de caractères ; le même mot prenant à leur gré le sens propre, le sens figuré ou le sens hiéroglyphique. Ce dernier est ce qu'on appelait « le secret hiératique du prêtre ».

Héraclite désigne ces trois manières de s'exprimer par les épithètes de *parlant, signifiant* et *cachant*.

Les Prêtres trouvant les Vérités naturelles trop dangereuses pour être exprimées par la parole — les taisaient — et n'employaient pour les écrire que le sens caché — le sens hiéroglyphique — que le peuple ne comprenait pas.

Quand les Prêtresses — ou les Prophétesses — rappelaient les Prêtres à la Nature dont elles ne cessaient d'expliquer et d'invoquer les lois, ils déclaraient que la Nature c'est le rêve de l'esprit féminin, et l'Eternelle Maya qui la symbolise va devenir le symbole de *l'illusion*. Le *naturel* est condamné, — le surnaturel va régner.

---

(1) C'est de ce mot re-voiler qu'on fera révéler — ce qui voulait dire primitivement *cacher*.

Nous allons le trouver dans le symbolisme astronomique,
qui met tout dans le Ciel; dans le symbolisme psychique qui
met l'âme hors du corps et la fait agir immatériellement ;
dans le symbolisme anthropomorphique qui met le féminin
dans le masculin, créant ainsi une dangereuse anthropogonie.

Tout ce surnaturel va s'accroître de siècles en siècles et
devenir exhubérant, touffu, envahissant. Si bien que quand
le christianisme naîtra il n'aura qu'à continuer le système
commencé. Son œuvre de mensonge sera toute préparée par
la classe sacerdotale qui le précéda.

Origine des Dieux

L'orgueil et l'envie étaient nés au cœur du Prêtre et com-
mençaient à lui dicter le mensonge et l'injustice.

Il n'avait plus les rêves de l'adolescence, il était arrivé à
l'âge des affirmations audacieuses, des négations aventureu-
ses, il se perdait en explications de choses qu'il ignorait,
niait ou affirmait sans connaissance et sans raisonnement,
employait la ruse pour dominer et le mensonge pour justifier
ses fautes. Ne sachant plus se faire aimer, il se faisait craindre.

Le résultat de cette conduite c'est qu'il fut mis hors du
Temple, éloigné des choses sacrées parce qu'il les avait
profanées.

(Le mot *profanatoï* voulut dire en grec *mis hors du Temple* parce que les Prêtres renvoyés s'installaient en face du
sanctuaire, de là on fit le mot pro-fanum — *pro* devant —
fanum « temple »).

Alors le Prêtre, pour servir son désir de vengeance, éleva
des autels en face de ceux de la Déesse et y érigea des dieux
qu'il fit à son image.

Les Divinités qu'il va créer seront, le plus souvent, des
hommes qui avaient réellement existé et avaient rempli un
rôle dans le monde, généralement par leur lutte contre la
gynécocratie.

Quelquefois c'était tout simplement les noms des Déesses
qu'on masculinisait — tel Déméter (Dia mater) qui devint
Diou-Piter (Jupiter). A Rome, de Junon on fit Junan qui
devint Juno, Juvino-Jovis. Ces deux formes d'abord distinctes,

Diou-Piter et Jovis arrivèrent à se fondre ensemble sous le nom de Jupiter.

C'est de Diana Dianus qu'on fit Janus.

Apollon est un nom dérivé de *Olen* qui voulait dire « poésie ». On y ajouta *ab* ou *ap* « Père ».

Parmi les Dieux ennemis des Déesses se trouve le Bel des Babyloniens ;

Le Baal des phéniciens, qui inspirait de l'horreur ;

Le Baal-Moloch (Dieu-Roi) surnommé « le destructeur » et auquel on sacrifiait des enfants ;

Le Baal-Berith (mot qui veut dire « la honte ») ;

Le Baal-Zébuth, etc., etc.

Partout commença la lutte. Ce ne fut pas seulement Baal qu'on éleva contre Astarthée, ce fut Apollon contre Diana, Jupiter contre Déméter, Osiris contre Isis.

Mais ces Dieux nouveaux n'étaient pas acceptés ; il fallut des luttes longues et terribles pour arriver à les faire admettre. Mme Blavatsky les appelle « caricatures pitoyables et sacrilèges ».

Cependant, une fois le système commencé il n'eut plus qu'à se développer et les Dieux se multiplièrent, grandirent, devinrent immenses en puissance et en mérite. Nés de l'imagination des hommes on pouvait les amplifier sans limites.

Le Prêtre, pour consacrer ses Dieux créa un dogmatisme qu'il scella de sa propre consécration, déplaçant ainsi l'autorité morale qu'il conféra à sa caste afin de lui faire posséder la maîtrise universelle.

Ce fut une surenchère ; il s'agissait de dépasser la puissance accordée aux Déesses ; c'est pour cela que le Dieu alla jusqu'au miracle, il sortit de la Nature parce qu'on l'avait fait trop grand pour qu'il pût y être contenu — il la dépassa.

Les Déesses avaient des attributs qui les laissaient dans les limites de la vie morale, dans la réalité des choses terrestres. Elles n'avaient jamais été confondues — jusque-là — avec les forces de la Nature qui les avaient Elles-mêmes créées et qu'Elles connaissaient, qu'Elles expliquaient.

Mais le Panthéon antique avait des degrés. Le Prêtre en escalada les échelons pour prendre la première place, il fit ses dieux si grands que l'on en vit — tel Jupiter — accaparer toute la puissance céleste et terrestre.

Fantasmagorie de l'imagination toujours portée à l'exagération ; orgueil né d'une rivalité ! Jupiter avait pris la place de Déméter il fallait exagérer sa grandeur pour justifier son usurpation et intimider les faibles, les récalcitrants, par la terreur. Mais c'est une erreur de croire que la terreur a été au début des religions, elle n'apparaît qu'avec le Dieu terrible qui veut supplanter la Déesse.

Le Culte des Dieux Nouveaux

Cette seconde forme religieuse devint surtout une *réaction sexuelle* contre l'ancien culte.

C'est par l'adoration que la Déesse avait régné. On va désormais adorer les « Dieux », mais ce ne sera pas de la même façon. Cet amour va devenir une manifestion grossière et l'on va créer le phallicisme avec toutes ses horreurs.

A l'amour sacré on substitua l'amour profane.

Comme ce culte soulevait des protestations il fut d'abord pratiqué dans le secret des temples nouveaux. Les hiérophantes faisaient du Phallicisme une science secrète qui leur appartenait exclusivement.

Pour célébrer cette glorification de la sexualité masculine on construisit des temples, des Labyrinthes, on utilisa des Cryptes. Les Hindoux édifièrent des Pagodes dédiées à Siva, dans lesquelles on pratiquait l'adoration du Lingam.

Ce fut la parodie des *Mystères* des Temples féminins.

Cependant les Prêtres des Dieux nouveaux ne s'en tinrent pas à ces amours uni-sexuelles, ils instituèrent des « prostitutions sacrées » et l'on vit alors des troupeaux d'Hiérodules, comme disaient les grecs, occupant des cellules dans l'enceinte même du temple, faire le service de la prostitution. Les Prêtres prélevaient pour eux une partie de leur salaire.

Chez les Juifs c'est le roi Josias qui démolit les chambres des prostituées.

Dans le livre de Samuel (1-12) on lit que Héli, prêtre du sanctuaire de Silo et ses deux fils Hophni et Phinéas commirent des excès de toutes sortes et qu'on leur reproche des débauches infâmes.

Aux fêtes de Baal les prêtres phéniciens s'habillaient en femmes, se fardaient le visage et se peignaient les yeux. Ils parcouraient ensuite les rues, tenant à la main des épées ou des haches, ou bien encore des fouets. On les voyait danser, hurler, pirouetter, incliner brusquement la tête vers le sol, en traînant leur chevelure dans la boue. D'autres se mordaient les bras, s'entaillaient le corps avec leur sabre et lorsque le sang coulait l'offraient en hommage à leur Dieu.

Les Prêtres de toutes les religions ont toujours — depuis lors — cherché à se donner les caractères extérieurs des Prêtresses en se rasant et en portant la robe de la Femme.

Évolution de la Prière

Nous avons vu que le culte primitif pratiqué dans la Religion naturelle avait eu quatre manifestations : l'Adoration, la Prière, l'Offrande, la Communion. Nous venons de voir ce que devint l'adoration quand la Déesse fut remplacée par le Dieu. La prière aussi évolua.

Quand le Brahman Hindoux, dans sa révolte contre la loi naturelle, affirma sa toute puissance, il lui fut bien difficile de descendre jusqu'à prier les Dévàs. D'abord sa prière devint un ordre par lequel « le Brahman contraint les Devàs à enchaîner leurs fléaux et à répandre leurs bienfaits ».

C'est une prière impérative et voici le raisonnement qu'il y ajoute : « Si la prière contraint les Dévàs, elle renferme une puissance supérieure à la leur, cette puissance est au pouvoir des brahmanes ».

Ce raisonnement est devenu un syllogisme qui s'est propagé à travers les siècles et qui règne encore dans l'Inde moderne. On l'exprime ainsi :

« Toutes choses sont au pouvoir des Dévàs,
« Les Dévàs sont au pouvoir de la prière,
« La prière est à la volonté des Brahmanes,
« Donc, toutes choses sont au pouvoir des saints Brahmanes ».

Si nous cherchons ce qu'était la prière chez les Prêtres égyptiens nous voyons qu'ils se contentaient de répéter des paroles sacrées sans les comprendre, en même temps qu'ils accomplissaient les minutieuses cérémonies du culte en leur prêtant un caractère magique. La lettre prit la place de l'Esprit.

Évolution de l'Offrande et de la Communion

Quant à l'Offrande, il suffit de lire le *Lévitique* pour voir ce que les Prêtres demandaient pour être largement nourris par leurs adeptes.

C'est Mercure — un des Dieux de cette époque — qui institua le commerce des choses sacrées, qui devait tant prospérer depuis.

La communion devint un mystère caché sous des allégories obscènes.

Dans le Yaçna, un des livres sacrés des sectateurs de Zoroastre, on explique longuement les péripéties de l'office et on nous dit de la communion que sa partie principale réside dans la préparation et la consécration du homà. « Ce homà guérit tous les maux et procure à la femme la fécondité. »

Le homà (qui s'appelle Sômà en sanscrit) devient par la suite hosta, hostia et finalement hostie.

Dans le Rig-Védas l'histoire du Sôma est d'une obscénité inouïe, impossible d'en rien citer.

Chronologie rectifiée

Le premier soin des Prêtres quand ils furent arrivés à se sentir assez forts pour tout oser, fut d'écrire l'histoire pour donner à la classe sacerdotale — qu'ils avaient instituée — et aux idées qu'ils voulaient faire triompher, la consécration du temps en les faisant remonter à une haute antiquité.

Il s'agissait de justifier l'usurpation divine en disant que les Dieux avaient toujours existé à côté des Déesses. A cela leur abversaires répondaient que la Déesse était la « Mère des Dieu », que c'était Elle qui avait enfanté les hommes.

A cet argument on commence à répondre en faisant intervenir la paternité — qui n'avait pas été invoqnée jusque-là (voir à ce sujet l'ouvrage de Baschofen *Le Droit de la Mère dans l'antiquité*) et les Prêtres font cette réponse : Ce n'est pas l'homme qui est né de la Femme, c'est la Femme qui est née de l'homme, la Déesse est sortie de la cuisse de Jupiter. Cet argument ne pouvait pas suffire, on le modifia en disant que « Minerve est sortie toute armée du cerveau de Jupiter »·

C'est pour suivre ce courant d'idée que Esdras, Prêtre Juif, dans la nouvelle rédaction qu'il fit des anciens livres hébraïques fait sortir Eve d'une côte d'Adam.

Mais nous savons maintenant que l'introduction de Jupiter dans le Panthéon date à peu près du IXe siècle et qu'il y avait bien longtemps alors que Minerve-Athénée avait fondé Athènes.

Pausanias, pour faire accepter Apollon, dit que « quand la poésie d'Apollon vint se fondre avec celle des Muses, Carmanor (une béotienne) purifia Apollon ». On savait que sans l'approbation d'une femme on n'aurait pas pu l'imposer. Mais ce qui est à retenir dans cette phrase de Pausanias, c'est qu'Apollon vint après les Muses. Or dans l'histoire que les Prêtres nous laisseront, il sera « le Père des Muses ».

Du temps des tragiques grecs on appelait Apollon, Jup iter et les autres, « les Dieux nouveaux ».

« Les Dieux qu'on appelle des parvenus », dit dédaigneusement le Prométhée d'Eschyle.

Chez les Hébreux, ce n'est qu'après le chisme de Juda (du VIIe au VIe siècle) que le sacerdoce masculin est constitué et que l'on voit apparaître une littérature cléricale destinée à le glorifier et à lui donner une haute antiquité. C'est ainsi que les Juifs firent remonter leurs Prêtres à Aaron, le faisant sortir de la tribu de Lévi qui n'existait pas à son époque.

M. Leblois dans son ouvrage intitulé *Les Bibles* dit : (l. V., sec. II, p. 187) « Les prétendus Grands Prêtres dont on fait remonter la série jusqu'à Aaron, paraissent n'avoir existé que dans l'imagination des écrivains postérieurs. »

Chez les hébreux avant le chisme on ne trouve qu'un prêtre ayant quelqu'influence, c'est Joad, qui fit assassiner Athalie. Après lui le seul prêtre nommé jusqu'au règne de Josias est Urie. On cite Osias (de 808 à 736) mais pour nous dire qu'il fut frappé de lèpre pour avoir usurpé les fonctions sacerdotales.

Un autre fait qu'il est utile de mentionner pour faire comprendre l'histoire des religions, c'est que dès que la classe sacerdotale arrive au pouvoir, elle s'attribue tous les livres écrits avant son règne, qu'elle arrange suivant ses intérêts, en les remaniant de fond en comble.

C'est ainsi que Hermès (non collectif, du reste) apparaît comme étant l'auteur de 30.000 ouvrages.

Hérodote raconte que les Prêtres égyptiens lui montrèrent dans une grande salle les statues de 345 Pontifes dont la durée générale du sacerdoce s'élevait à 11,340 ans. Quand on voulait rectifier ces assertions en rappelant le régime antérieur dont la tradition propageait encore le souvenir, les prêtres des cultes nouveaux niaient sa réalité ou l'expliquaient par des légendes surnaturelles qu'on finit par appeler « la Fable », « le Mythe », les « Contes de Fées », c'est-à-dire quelque chose d'irréel qui est le fruit de l'imagination : C'est ainsi que le Prêtre arriva à jeter un voile sur toutes les origines du monde.

Les Dieux Sidéraux.

L'histoire du Prêtre nous a éloigné un instant de l'histoire de la Divinité, mais elle y est liée si étroitement qu'il est impossible de l'en séparer.

Revenons à l'évolution de l'idée Divine.

Les principales phases qu'elle traverse en mille ans (le millénaire qui précède l'ère chrétienne) sont :

1° L'introduction des Dieux à côté des Déesses ;

2° L'avilissement de la Déesse ;

3° Des tentatives de rapprochement entre les deux partis, donnant une forme mixte à la Divinité par la création de Dieux androgynes ;

4° La création des Dieux cosmiques, qui ne seront plus terrestres mais célestes.

Dans le système des Divinités androgynes on confond les deux formes religieuses. On laisse à la Divinité l'ancien nom de la Déesse mais en lui donnant le sexe masculin.

C'est ainsi que Zeus (souvent appelé Zoé, « la vie ») est

représenté d'abord par une « Vierge immortelle » plus tard par Jupiter.

Les antiques Devâs de l'Inde, tant comparées à la lumière du jour, vont devenir « le Soleil » et leur nom restera celui d'une Divinité sans sexe. Pour les savants modernes un « Dieu ».

En Perse les sectateurs de Zoroastre, pour regagner le prestige qui leur échappait essayèrent de se rapprocher des partisans de l'ancienne religion Mazdéenne et de fondre les deux systèmes. Ahoura Mazda — l'ancienne Déesse — sous le nom d'Ormuzd prit le sexe masculin tout en gardant les attributs féminins. Puis monta au ciel où bientôt on la confondit avec le feu des astres incandescents qui génèrent la lumière. Et la religion des Perses devint le Sabéisme (culte du feu).

L'origine première de cette confusion vient de ce que l'Esprit dont on dotait la Déesse était toujours représenté par une torche — un flambeau — qu'on lui mettait en main dans les représentations figurées de l'art antique.

C'est par le symbolisme astronomique que l'on commence à introduire dans le monde l'idée de l'existence des Divinités cosmiques. On donnait à des étoiles, à des constellations les noms de ceux et de celles qui avaient été glorifiés sur la Terre.

Tous les efforts des Prêtres vont tendre désormais à confondre les Divinités de la première religion Théogonique avec leur réflexion sidérale devenue masculine. Et c'est ainsi que les attributs des Divinités terrestres vont se confondre avec les attributs de la force cosmique décrite dans les anciennes Cosmogonies. Le Brahm des Hindoux — qui ne fut jamais un homme mais une force — devint un Dieu, on lui donna le sexe masculin et les attributs des Déesses. C'est ainsi que la Divinité Cosmique devint la *puissance morale qui dirige les hommes*.

ORIGINE DE LA CONCEPTION D'UN DIEU-PÈRE

Dans les religions phalliques l'homme est le *sexe premier*, il est comparé au soleil qui féconde, la femme le *sexe second*, elle est comparée à la terre qui est fécondée.

Le père alors prend la suprématie. C'est le culte de Dyonisos et celui d'Apollon qui consacrent cette doctrine en Grèce.

« Comme le soleil dans sa force la paternité dyonisienne cherche éternellement la matière désireuse d'être fécondée. »

C'est par ces comparaisons que s'établit la confusion entre le soleil et le Dieu — et c'est ainsi qu'on s'achemine vers les Dieux célestes.

Nous avons vu que les partisans de la religion naturelle invoquaient le droit de la mère contre les innovations dangereuses des prêtres — « Deva-Matri est la mère des Dieux et la mère est supérieure à son fils », disaient-ils. C'est pour répondre à cette objection qu'on va donner à la paternité une importance plus grande qu'à la maternité, et l'on va aller dans cette voie jusqu'à l'absurde en introduisant dans le monde l'idée d'une création unisexuelle, cherchant par là à supprimer le rôle de la mère dans la génération. Toute la période apollonienne a défendu cette folie que l'on résume ainsi : « Au-dessus du père mortel est Apollon la source de la paternité. Si l'homme engendrant personnellement se croit père, c'est une erreur qui le trompe car le vrai père c'est Apollon qui donne à l'enfant un père mortel. »

Dans cette doctrine on impose à la mère la croyance que c'est Dieu même qui l'a fécondée afin de lui faire considérer, comme un honneur, une fécondation qu'on lui fait accepter comme un devoir religieux, ce qu'elle n'admettrait pas si elle venait d'un homme mortel.

Dans le culte apollonien on considère la *Vierge sans mère* comme le symbole de la paternité la plus pure parce que cela indique que l'homme a renoncé à l'union avec la terrestre Déméter ; il a procréé sans accouplement, il ne s'est pas abandonné à la fécondation matérielle qui fait succomber l'homme sous les charmes de la femme. Dangereuse théorie qui va séparer l'homme de la femme dans l'intérêt du prêtre.

Dyonisos était né de Sémélé ; un dieu s'approcha d'elle au milieu de la foudre et des éclairs, il est alors accueilli dans la hanche paternelle procréatrice, qui sert à l'homme de matrice et dans laquelle il subit une seconde maturité.

D'abord Dyonisos et Héphaïstos étaient nés d'une mère sans père. C'est pour imiter ce phénomène qu'on fait naître

Minerve d'un père sans mère comme les guerriers de Platon qui sortent de la tête de Zeus.

On enseignait aux enfants qu'ils pouvaient se consoler d'être nés du sein maternel d'une femme en considérant qu'ils devaient leurs jours à un Dieu immortel — à Apollon lui-même. Le rôle de la mère était effacé, elle n'avait fait que mettre l'enfant au monde et le soigner.

Voilà l'idée d'une conception par une intervention divine que nous retrouverons petitement, mesquinement adaptée à la légende chrétienne.

L'apollonisme a préparé le christianisme en créant la conception d'un Dieu-le-Père.

La nature des Dieux

Depuis que la divinité vivante avait été discutée puis supprimée, l'on se perdrait en discussions sur la nature des Dieux, à laquelle on ne comprenait plus rien.

La divinité, depuis qu'elle avait été fusionnée avec la force cosmique dont les propriétés physiques allaient se trouver mêlées aux attributs de l'homme-Dieu et à ceux de la femme-Déesse, devenait un mystère profond.

C'est alors que l'on vit se former en Grèce une société — qui fut en même temps une Ecole — dans laquelle on reprit la science antique et où on expliqua d'une façon rationnelle ce qui était devenu surnaturel. C'est l'Ecole appelée « Pythagoras », nom qui n'est pas celui d'un homme mais celui d'une science (1).

L'Ecole pythagoricienne donnait un enseignement secret qui expliquait la nature divine et la résumait dans cette formule « l'*Etre en soi* ». Cette loi était représentée symbo-

---

(1) « *Pythagoras* » voulait dire explication de l'Univers, Cosmogonie. *Pythones*, une cosmogoniste, une pythonisse. (Voir le *Dictionnaire* Welsh d'Owen Pughes).

C'est Plutarque qui fit de cette « science » un homme. C'est comme si dans deux ou trois siècles on disait que « *Anthropologie* » a fondé une Ecole à Paris.

liquement dans le nombre douze — aussi cela s'appelait-t-il
« le mystère des nombres ».

La Déesse est I, sa nature est une UNITÉ parce que le
principe de vie ne se divise pas en elle. Elle ne le donne pas
à la génération, elle garde l'*Être en soi*. Le Dieu est 2,
parce que dans l'homme il y a deux natures, l'une intellectuelle, l'autre sexuelle, il donne l'être dans la fécondation, il
ne le garde pas tout entier en lui, il ne peut donc être qu'un
demi-Dieu.

La Déesse est l'être non divisé (d'où le mot in-dividu). Le
Dieu est l'être divisé.

Pour consacrer cette loi on représentait sur les monuments
deux hommes et une femme.

Les déesses étaient appelées *immortelles* parce que leur
âme ne pouvait pas mourir à la vie divine. C'est pourquoi,
disait-on, elles ne pouvaient pas errer dans les ténèbres de
l'erreur ; au lieu que les âmes des hommes, qui produisaient
suivant leur degré de pureté des héros glorifiés ou des démons
terrestres, pouvaient mourir à la vie divine et la mort de
l'essence intellectuelle entraînait l'ignorance et l'impiété.

On dirait que Lamartine s'est inspiré de cet enseignement
quant il a écrit : « *L'homme est un Dieu déchu qui se sou-
vient des cieux.* »

Le grand but des Mystères était d'apprendre aux initiés la
possibilité de réunir l'homme avec la Divinité.

Dans les « Vers dorés » — dits de Pythagore — mais écrit
par Lysis, voulant ramener la Divinité à l'être vivant, il
est dit :

> « C'est aux humains, dont la race est divine,
> « A discerner l'erreur, à voir la Vérité. »

Lysis recommandait surtout l'étude de la différenciation
des sexes, de là ce vers :

> « Des êtres différents, tu sonderas l'essence. »

Quand les hommes comprenaient cet enseignement ils
étaient considérés comme arrivés au plus haut degré de la
perfection qu'on appelait *autopsie* dans les mystères ; l'initié

voyait tomber devant lui le voile du mensonge qui jusqu'alors
lui avait caché la vérité. Il fallait pour arriver à ce degré que
l'intelligence remplit l'entendement d'une lumière assez vive
pour dissiper toutes les illusions des sens ; ce dernier degré
était appelé *Théophanie*, apparition ou compréhension de la
Divinité.

Cela resta longtemps la science *télestique*, donnée aux
hommes par les Pythones (ou Pythonisses).

LE DIEU DES PHILOSOPHES

Les philosophes grecs, suivant le même système que les
prêtres, mettent dans leurs dissertations l'allégorie et le
sous-entendu, le paradoxe et l'argutie restés au fond de
toutes les casuistiques.

Socrate est le premier déiste suivant la conception moderne.
Il imagine un Dieu qu'il représente souverainement grand,
voyant tout, entendant tout, présent partout et gouvernant
toutes choses, un dieu anthropomorphique, l'homme agrandi,
projeté dans l'infini et devenu immense par l'illusion d'un
orgueil insensé.

Pendant que Pindare demandait la réintégration de ce qu'il
appelait « les ici-bas », c'est à dire les Dieux et les Déesses
terrestres, Socrate créait le Dieu surnaturel, créateur de
l'homme, en même temps qu'il fondait le spiritualisme qui
mettait l'esprit en dehors de l'humanité, le reléguant dans un
au-delà inaccessible à la raison.

C'est aussi lui qui créa la théorie des causes finales que les
déistes religieux — ou scientifiques — ont toujours conservée
depuis lui.

Socrate alla dans le surnaturel jusqu'à l'absurde. Il con-
versait avec son « Dieu inconnu », le faisait parler, entendait
des voix — les voix des esprits qu'il avait créés — et c'est
cela qui permettra de dire « que Dieu a parlé aux hommes. »

Socrate fut le premier fondateur de la philosophie chrétienne.

Platon cherche aussi à expliquer la Divinité. Dans son *Cra-
tyle* il donne une étymologie de « Zeus » qui tend à lui donner les deux natures, à en faire un Dieu androgyne — sui-

vant les idées régnantes alors. Il crée une démonologie qui
passera dans le christianisme. [Ses Daëmons sont des esprits
qui comblent l'intervalle qui existe entre le ciel et la terre,
chaque homme a son daëmon particulier qu'il appelle « son
ange gardien ». C'est au début un esprit bon, juste et bien-
veillant.

C'est en se référant à Platon que les pères de l'Eglise
déclarent l'univers livré au culte des démons qui inondent
l'atmosphère, qui entrent dans le corps humain, parlent par
les oracles, suggèrent des pensées mauvaises et des actes
coupables, habitent enfin dans les idoles que le vulgaire prend
pour les statues de la Divinité.

Seulement les Daëmons grecs avaient le caractère des
anges ; les démons chrétiens auront des caractères diabo-
liques.

L'héritage de Platon passa tout entier dans le christianisme
et fut une arme puissante pour renverser ce qui restait de
l'ancienne Théogonie.

EVHÉMÈRE

Tout ce qui fut fait pendant la décadence de la philosophie
grecque ne vaut pas la peine d'être mentionné Un seul auteur vint remettre un peu de bon sens dans les discussions —
c'est Evhémère qui déclare que la foi en un monde invisible
est une maladie de l'âme des hommes, une démence.

Cet auteur (dont le nom semble un pseudonyme) publia un
livre intitulé : « *Histoire sacrée* », dans lequel il démontre
que les dieux de la Grèce sont des hommes qui ont été divi-
nisés après leur mort.

CICÉRON

Cicéron nie les Dieux dans *De Natura Deorum*, mais en
même temps il écrit à sa femme Terentia « de remercier les
Dieux de l'avoir guérie d'une maladie ».

Dans sa *République*, il dit : « Le monde est la cité commune des hommes et des Dieux ». Il reconnaît donc qu'il y a
dans le monde deux natures. Mais comme il les met toutes

les deux au masculin on ne comprend pas. S'il osait mettre
le mot Dieu au féminin et dire « les hommes et les Déesses »,
on comprendrait mieux.

Il élève un *Fanum* (sanctuaire) à sa Tullie.

Il a le respect du Temple. Il dit : « En entrant dans les
Temples nous prenons les sentiments et la démarche qui
conviennent, les yeux baissés et la toge ramassée sur la poi-
triue, tout dans notre maintien témoigne de notre respect et
de notre *vénératron* pour la Divinité. »

Rappelons que le mot vénération vient de Véneris (Vénus).

Et cependant, le grand orateur romain qui avait appartenu
lui-même au corps sacerdotal, ne craint pas d'accabler les
Prêtres et les Pontifes de ses sanglantes railleries, il rappelle
ce trait satirique de Caton : « Je m'étonne que deux Arus-
pices puissent se regarder sans sourire ».

Ce n'est donc pas leur religion qui éveille en lui des sentiments de vénération, c'est l'ancienne Théogonie. Ce qui le
prouve c'est que, après avoir nié les Dieux il s'écrie : « Qui
ne sait que toute vérité est déposée dans les livres sybilliens
et dans l'admirable science des Etrusques ? »

En effet, les livres des Sybilles avaient un immense prestige, quoiqu'on ne les lisait pas, mais on les gardait comme
un dépôt sacré.

Il se faisait alors une sorte de réaction vers la Théogonie.
Auguste fut féministe à sa manière. Il se vante dans ses mé-
moires d'avoir protégé par deux fois le Temple de la grande
Arthémise d'Ephèse.

Cependant, à cette époque, eut lieu une nouvelle destruction
des documents anciens. Lors de la prise d'Alexandrie par
César, la fameuse Bibliothéque qui contenait les archives du
passé fut incendiée. Elle l'avait été deux fois déjà avant cette
époque.

L'Attente d'une Rédemption

C'est ainsi que se termina cette sombre époque qui fut appelée en sanscrit l'*âge kali* (âge noir), quatrième âge du
monde, *caligo* en latin.

Les brahmanes et les prêtres de toutes les religions en
font un grand éloge parce qu'il leur donna la puissance, mais

ceux qui représentaient le bon sens et la logique appelèrent cette époque *Kali-Mathias* (*Mathias* veut dire discours ténébreux).

C'est de ces deux mots réunit que naquit l'expression populaire *galimathias*, qui a toujours signifié discours embrouillé, confus, obscur ». Cela indique que, au milieu de la grande décadence intellectuelle et morale que les divagations religieuses avaient provoquées, deux courants se dessinaient, l'un qui voulait remonter vers la raison, l'autre qui continuait à descendre.

Le courant rationnel était représenté par les Esséniens, les Isiaques, les Samanéens, les Tao-Tzes, car la Chine, comme tous les pays, avait suivi la même évolution.

L'Inde, tombée dans tous les désordres, depuis que « les *Déesses avaient quitté la Terre* », suivant l'expression que l'on employait alors, demandaient leur *ré-surrection*, c'est à dire leur réapparition dans le monde. On demandait une nouvelle Krishna (l'auteur de la Bagavad-Gita). la dernière Déesse qui avait incarné l'esprit de Vichnou.

Et cette aspiration créa un tel entraînement que partout on vit se former des groupes, des sociétés, des sectes, demandant la Femme *qui devait écraser la tête du serpent*, c'est à dire faire cesser le temps des profanations.

TROISIÈME PHASE DE L'IDÉE DIVINE

ANTHROPOMORPHISME

Si nous nous sommes arrêtés longuement sur les sentiments, les instincts et les luttes qui ont servi de base à la croyance en un Dieu anthropomorphique, c'est parce que cette idée nouvelle devait avoir des conséquences terribles pour l'évolution mentale de l'humanité·

La conception Divine, d'abord inhérente à des entités vivantes et individuelles, était devenue absurde quand les Déesses avaient été remplacées par les Dieux ; elle devint une aberration incohérente, une démence, quand un Dieu unique — extra-terrestre — fut représenté comme possédant toutes les qualités des anciennes Déesses — y compris leurs colères et leurs idées de vengeance — mêlées aux principes physiques des radiations des astres qui font la lumière et créent la vie.

Tout cela devait aboutir à un ensemble d'idées fausses qui allaient avoir un terrible retentissement sur la vie sociale et morale, en troublant profondément l'esprit et la conscience des hommes.

DIEU LE FILS

Dieu le Père avait surtout été affirmé par Philon d'Alexandrie et les philosophes de son Ecole, qui étaient dominés par l'idée que la Divinité est anthropomorphique, c'est à dire qu'Elle a la forme humaine-masculine et qu'il n'y a qu'*un seul Dieu*, ce qui, dans leur esprit, voulait dire que la forme féminine en était exclue. C'est cela qui leur fait considérer le monothéisme comme un progrès.

Mais Philon s'intitule le « Lieutenant de Dieu », son fils, son premier-né. Donc, pour lui, le Dieu unique a un fils sur la terre. C'est cette idée nouvelle qui va prévaloir ; ce fils terrestre sera la copie des anciens Dieux, idée qui était encore dans les esprits car on n'avait jamais cessé d'appeler « Dieux » les grands meneurs des foules, les grands ambitieux, depuis Platon jusqu'à Alexandre. Tous les empereurs romains s'étaient fait appeler « Dieu ».

Cette idée venait s'ajouter à la croyance qui régnait alors, qu'un Rédempteur viendrait remettre la paix dans le monde. Virgile avait annoncé une ère de paix et de félicité à laquelle devait présider un « fils des Dieux », c'est à dire un régénérateur béni par eux, dès sa naissance et avec qui naîtrait et grandirait l'âge d'or. Il dit dans sa quatrième Eglogue : « Je vois se rouvrir une grande période de siècles, une race nouvelle descend sur la Terre du haut du Ciel ».

« Sous toi, les traces qui restent encore de nos crimes seront effacées et le monde affranchi de ses terreurs. »

Cérinthe, un juif d'Antioche, avait inventé le *millénarisme*, il annonçait la fin prochaine du monde et le retour de Christos sur la terre pour y commencer un règne temporel de mille ans.

Cependant les oracles sybilliens avaient prédit un temps de désolation et de ruine — et ce sont ces oracles-là qui allaient être réalisés.

CHRISTOS

Le nom de Christos, en grec, était la traduction du krishna des Hindoux (krishna en sanscrit *sacré*). Ce mot n'était pas un nom mais un surnom. Il fut dénaturé à l'époque du phallicisme lorsque la communion devint un symbole obscène. La femme qui recevait le *sôma* recevait l'*onction*, d'où le mot *oindre*. Les femmes à qui on l'appliquait, par ironie sans doute, devaient le prendre pour une insulte.

A cette époque de réaction, quand une grande femme surgissait, on ne manquait jamais de lui rappeler qu'Elle était destinée à l'onction, que c'était par là qu'Elle *consacrait* ceux qui la servaient (d'où le sacre des rois). C'est pour cela que lorsque la Femme perdit sa puissance sociale, on dit d'Elle : « Un oint a été retranché » (Voir *Daniel* IX, 26).

On comprendra mieux maintenant pourquoi c'est l'*oint* qui est l'*agneau* qui a souffert pour les péchés des hommes.

Mais à l'époque qui nous occupe, on avait oublié cette signification et le mot Christos, reprenant son antique prestige, n'éveillait plus que l'idée d'un sauveur qui allait remettre dans le monde la Vérité et la Justice. Plusieurs sectes s'étaient groupées autour de ce nom. On les appelait *Christianoï*, d'où *Christiens*, nom qui servit d'abord à les désigner.

Quand on parlait au nom de Christos, il semblait qu'on in-voquait quelque chose de sacré ; aussi on voyait à chaque instant des ambitieux, des imposteurs ou des fous déclarer qu'ils étaient Christos.

La secte des Naasséniens — qui semble être la même que celle des Nazaréens (nom qui désignait des sectaires et non les habitants d'une ville, il n'y a jamais eu de ville du nom de Nazareth) (1), annonçait aussi la résurrection de Christos, mais sous une forme androgyne. Leur doctrine, qui était un mélange des deux anciennes formes religieuses, s'appelait l'Anthropogonie.

Les hommes de cette secte portaient les cheveux longs avec la raie au milieu de la tête. Ils se donnaient une appa-rence féminine.

Le Nom de Jésus

Le nom de Jésus n'apparaît pas dans les sectes *chris-tiennes*, qui ne demandent que Christos et ne connaissent pas encore Jésus.

C'est à tort qu'on a cherché l'origine du nom de Jésus dans la langue hébraïque (2).

---

(1) Tous les savants savent que du temps de Jésus il n'y avait aucune ville du nom de Nazareth, c'est depuis qu'on a donné ce nom à une ville.

(2) Ceux qui ont voulu donner une origine hébraïque à *Jésus* ont dit qu'il venait de Yechoua, contraction de Yecho-Choua (celui dont Ihaveh est le secours).

Jésus — que l'on trouve pour la première fois écrit en grec — est le nom d'un Dieu gaulois — Hésus — que l'on prononçait Jhésus, faisant de la première branche de l'H un J. C'est ainsi écrit, avec une petite croix au-dessus de l'H, qu'on le trouve dans tout le moyen-âge :

$$\text{J}\overset{\dagger}{\underset{}{\text{I}}}$$

Il est facile de comprendre comment ce nom est descendu de la Gaule en Orient. Quelques siècles avant l'ère actuelle les Gaulois s'étaient répandus partout : dans le nord jusqu'en Irlande, dans la haute Italie, sur les bords du Danube où ils avaient fondé la Gallicie ; de là ils étaient descendus en Macédoine, en Thrace et en Thessalie. Ils avaient fondé en Asie Mineure la « Nouvelle Gaule » et ce sont eux qu'on appelait les *Galates*.

Hésus était le Dieu terrible des Druides, le Dieu de la guerre, qui régnait à Lutèce où ses partisans « juraient par Hésus » tandis que leurs adversaires juraient « par Isis ». Et l'on sait que c'est de là qu'est venu le nom de *Parisis* (d'où Paris).

Les gaulois invoquaient Hésus dans leurs peines et dans leurs frayeurs en disant : Hésus ! Hésus ! ce que les chrétiens ont continué, disant : Jésus ! Jésus !

A Rome on accepta Hésus comme un des Dieux du Panthéon et on le mit à côté de Mars, de Jupiter, de Mithra et de Sérapis. Les romains acceptaient tous les Dieux disant que dans tous il y avait quelque chose de divin.

C'est dans ses relations avec les Galates que Paul de Thrace (saint Paul), acceptant leurs croyances, se fit le propagateur de leur doctrine. Il prêcha Hésus et arriva peu à peu à déclarer que c'est Hésus qui est le messie attendu ; c'est Hésus qui est Christos, lequel est mort dans le passé, du temps des prophètes (4 ou 5 siècles avant son époque) qui ont annoncé qu'il ressusciterait.

Mais Paul ne connaît pas la légende chrétienne qui fait de Jésus son contemporain, c'est-à-dire un homme ayant vécu dans le premier siècle ainsi que cela est relaté dans les Evangiles, il écrit ses Epîtres après l'année 60 du siècle premier et à ce moment la *Vie de Jésus* telle qu'elle nous est racontée par les évangélistes n'est pas encore imaginée

Comme la propagande de Paul avait suscité un grand mouvement populaire les *Christianoï* jugèrent qu'il valait mieux s'unir à lui que marcher contre lui, on fit une fusion ; Pierre qui défendait Christos et Paul qui préconisait Hésus se réunirent en déclarant que les deux sectes avaient raison, mais que c'était Hésus qui était Christos. Et on dit d'abord « Hésus est Christ », plus tard on arriva à dire simplement « Jésus-Christ » réunissant les deux noms.

Mais il est utile de faire remarquer que le Christianisme primitif fut d'abord une doctrine sur Christos — comme son nom l'indique — et non pas une doctrine sur Hésus, qui ne fut introduit dans cette secte que plus tard — et qui ne servit du reste, qu'à en fausser l'idée. Le Jésuisme a tué le Christianisme. Et par la suite on verra souvent ceux qui voudront épurer la religion chrétienne revenir à Christ et abandonner Jésus — tels les Protestants.

Cependant Paul, tout en affirmant que Jésus était Christ, ne disait pas qu'il était venu sur la terre, mais *qu'il viendrait*. Voici comment il annonçait cet événement à ceux qui le suivaient :

Epître aux Tessaloniciens : « Vous serez couronnés de gloire en présence de Christ, le jour de son avènement. »

— « Le Seigneur descendra des cieux dès qu'il aura donné le signal par la voix d'un archange et par la trompette de Dieu. »

— « Ensuite nous serons enlevés tous ensemble dans les nuées au-devant du Seigneur, en l'air. »

Aux impatients qui lui demandaient quand cet heureux événement se produirait, il répondait :

« Pour ce qui regarde le temps et le moment vous n'avez pas besoin que je vous en écrive. »

« Le Seigneur viendra comme un larron qui vient la nuit. »

Ces enseignements surnaturels étaient tellement répandus que partout on en parlait, on attendait des apparitions qu'on appelait *la parousie de Christ ;* on les provoquait même et l'imagination aidant, on croyait à chaque instant en voir. C'est ainsi que Paul prétend avoir vu « Christ » sur le chemin de Damas. Mais comme il sait qu'il ne sera pas cru sur parole, il invoque le témoignage de ses amis et il dit dans l'Epître 1er aux Corinthiens : « Il a été vu de Céphas et ensuite des douze apôtres. Depuis il se fit voir à Jacques et ensuite à tous les apôtres. Et après tous il m'est aussi apparu. » C'est avec hésitation que Paul parle de Christos *qui reviendra*, ses affirmations sont encore sans précision, sans aucune base autre que les anciennes écritures.

Mais après lui d'autres vont venir qui reprendront la légende, lui donneront un corps et peu à peu l'amplifieront jusqu'à en faire « la vie de Jésus ». Ce sont les auteurs des évangiles.

Les Evangiles.

Nous ne savons pas ce que contenaient les premiers évangiles, il y en avait des multitudes, chacun en faisait, mais ils furent tous détruits par Dioclétien en 303.

Peu de temps après, Constantin ayant promulgué en 312 l'édit de tolérance qui permettait aux chrétiens d'écrire et d'enseigner leur doctrine, on reprit la légende chrétienne telle que l'imagination populaire l'avait amplifiée en trois siècles et on recommença à écrire des évangiles.

Quand le Concile de Nicée se réunit en 325 pour poser les bases de la religion nouvelle et lui donner un fondateur, on fit appel à tous ceux qui avaient écrit des évangiles : il s'en présenta 154. Parmi toutes ces œuvres on en prit quatre que l'on garda.

Tous les originaux des évangiles actuellement existants sont postérieurs au Concile de Nicée. Donc nous n'avons même par les Ecrits présentés à ce Concile, mais seulement des copies faites après et qui ont été certainement remaniées d'après les décisions prises par les évêques.

Un savant russe, Constantin Tischendorf a eu l'idée de rechercher les originaux du Nouveau Testament.

Les quatre plus anciennes copies qui ont été trouvées sont :

— *Le Codex Vaticanus* qui date du quatrième siècle et qui est au Vatican.

— *Le Codex Sinaïticus* aussi du quatrième siècle, qui a été découvert au couvent de Sainte-Catherine en 1859.

— *Le Codex d'Ephrem* ou Palimpseste de Paris, qui date du cinquième siècle.

— *Le Codex Alexandrinus* qui est de la seconde moitié du cinquième siècle. Il fut donné au roi Charles Ier d'Angleterre par Cyrille Lucaris, patriarche d'Alexandrie, en 1628. Il fut écrit après le concile de Nicée par une femme appelée Thécla.

On sait que tous racontent la même légende, mais très différemment, quoiqu'on les appelle *synoptiques*. Ce qui fait dire à Pascal : « Les évangélistes ne se sont pas entendus pour nous tromper ».

Ces écrits sont très utiles pour étudier l'évolution de l'idée divine. En voici la preuve. Le Palimpseste de Paris est un livre qui a été gratté et sur lequel on a écrit, au xiie siècle, l'histoire *d'Ephrem*. Deux chimistes allemands, MM. Pringsheim et Gradenwitch, ont pu, par un procédé chimique, faire reparaître la première écriture et en l'examinant on y a trouvé des ratures et des mots ajoutés à une époque postérieure à la première copie. Le mot ainsi rajouté est le mot « Dieu » notamment dans l'épitre de Saint-Paul à Thimothée.

Donc, on a révisé les écrits de Paul pour les mettre d'accord avec les décisions prises au concile de Nicée, qui avait fait de Iésus un Dieu, alors que du temps de Paul il n'était pas ainsi qualifié.

Le même changement a été introduit dans le *Codex Alexandrinus*. Dans le *Codex Vaticanus* on a supprimé l'épitre toute entière parce que le passage rectifié s'adresse à une personne qui semble être autre que Iésus.

Dans Luc (8-40), suivant le *Vaticanus*, il y a : « il arriva qu'au retour de Iésus la foule le reçut, car tous l'attendaient. »

Dans le *Sinaïticus* on a mis « car ils attendaient Dieu. »

Dans Jean (1-18), au lieu de « le fils unique qui est dans le sein du père », le *Vaticanus* et le *Sinaïticus* on mis « un Dieu unique ». Un correcteur du dernier Codex changea même *un* en *le* et mit « *le Dieu* unique qui est dans le sein du Père ».

Dans les actes (20-18) au lieu de « l'église du seigneur qu'il s'est acquise par son sang », les deux Codex cités ont mis « l'église de Dieu ».

Dans Colossiens (2-2), il y avait « le mystère de Dieu, le Père et du Christ », le Vaticanus met « du Dieu-Christ ».

Il résulte de ceci que c'est entre l'époque de Paul (Ier siècle) et l'époque de Constantin (IVe siècle) que la croyance à un *Dieu nouveau* avait grandi, s'était affirmée et finalement avait été acceptée.

Ce qui donna de l'audace aux chrétiens dans leurs affirmations d'un Dieu-Père (qui exclut la mère) et d'un Dieu-Fils (qui exclut la fille), ce sont les discussions des philosophes d'Alexandrie.

La Trinité

On discutait partout ce qu'on appelait « *les trois hypostases divines* » (*hupos talikos*, suppôt, personnes), qui résultaient de la fusion de la déesse, du dieu et du principe cosmique, en formant une nouvelle entité « *le Dieu unique* », que les sceptiques appelaient « le Dieu inconnu ».

Les Hindoux, les premiers, avaient fait une triade composée de :

Brahma   créateur (le principe cosmique);

Vichnou — conservateur (l'ancienne déesse, conservatrice des anciens principes) ;

Siva — destructeur (de l'ancien monde).

Cette trinité avait été apportée à l'école d'Alexandrie de 270 à 303 par le philosophe Porphyre. Et ce fut le point de départ de nouvelles spéculations qui aboutirent à la trinité chrétienne composée de :

Le Père, duquel procède la création.

Le Fils, duquel procède l'âme ou l'esprit.

Le Saint-Esprit, intellect divin.

Dans cette trinité, le Saint-Esprit remplace l'ancienne Déesse, mais on lui laisse, comme attribut, la colombe, symbole d'Istar et de Vénus.

Cependant les esséniens attribuaient au Fils la figure d'un homme et au Saint-Esprit celle d'une femme.

Le terme qui, en hébreu, signifiait l'Esprit, était du genre féminin.

Par réaction contre eux et pour qu'il soit bien entendu que

la Déesse était exclue de la trinité, les chrétiens représentaient symboliquement cette triade par trois phallus enlacés. C'est cet emblème qui leur servit de signe jusqu'au concile de Constantinople au viie siècle, où ce symbole fut remplacé par un homme cloué sur une croix (1).

Réaction spirituelle contre la Déesse

Qui oserait nier, après cela, que l'anthropomorphisme fut une réaction contre l'esprit de la femme tandis que le Polythéisme avait été une réaction contre son sexe.

Il y avait, à ce moment, un tel antagonisme contre les anciennes Déesses qu'on niait jusqu'à leur existence. Manilus dit d'Elles que « Elles ne furent que des figures et des noms que la nature avait mis sur les vertus divines pour que les choses revêtues d'un corps imposent ainsi davantage.

Quand on rappelle à Philon les anciennes écritures des Sybilles et des Prêtresses, il répond que « *c'est de Dieu que vient toute science* ». « La parole de vérité est le verbe de Dieu », dit-il. Du reste, il croit aux miracles, aux apparitions sans lesquelles Dieu n'aurait pas pu parler aux hommes.

Cette idée d'une divinité qui fait connaître aux hommes les lois cachées de la Nature avait déjà évolué. Elle avait été, d'abord, l'apanage exclusif des Déesses, des Sybilles, des Pythies ou des Muses. C'était Isis levant le voile qui cache aux hommes la vérité.

En Grèce, cela s'était appelé « *l'Inspiration* ». Tout poète invoquait la Muse avant de commencer ses chants. Platon disait que « la poésie est une *inspiration* au moyen de laquelle on revêt d'un langage humain et l'on transmet aux hommes *les idées divines* ». Il considère *l'inspiration* comme une faveur divine.

Dans le christianisme, l'esprit féminin étant devenu le « *Saint-Esprit* », l'inspiration de la Déesse fut remplacée par

----

(1) Du reste le Christianisme au début fut un culte phallique (l'institution de l'Eucharistie en fait foi), mais ce culte se dissimule graduellement sous celui du cœur. Dans le Deutéronome (ch. x-16), n'osant plus être trop obscène, on dit : « Circoncisez donc votre cœur. »

une inspiration surnaturelle venant de la troisième partie du Dieu inconnu.

Vers la fin du IIe siècle, l'*inspiration* fut déclarée le privilège de l'Eglise, c'est à dire des membres du clergé et spécialement des évêques — et cela finit par devenir un dogme : *l'infaillibilité*.

Quant à la femme, la Némésis vengeresse que l'on redoutait, si elle voulait parler on la faisait taire en disant qu'elle était l'esprit de mensonge : *Lucifer*.

Saint-Paul, dans son épitre à Thimothée (I-II), dit : « Que la femme écoute l'instruction en silence et avec une entière soumission. »

« Car je ne permet pas à la femme d'enseigner: ni de prendre aucune autorité sur son mari, il faut qu'elle demeure en silence. »

Ce même Paul menait une grande campagne contre la Déesse Diane d'Ephèse. Dans les *Actes des Apotres* (ch. xix, 19), nous lisons ceci : « Les habitants d'Ephèse s'inquiètent de voir cet homme prêcher une doctrine qui porte atteinte à la gloire de la grande Déesse Diane, qui a un temple magnifique dans cette ville. »

26. — « Vous voyez et vous entendez dire que non seulement à Ephèse mais dans presque toute l'Asie, ce Paul, par ses persuasions, a détourné du culte des Dieux un grand nombre de personnes. »

27. — « Il est à craindre que le temple de la grande Diane ne tombe dans le mépris et que sa majesté que toute l'Asie et que tout le monde révère, ne s'anéantisse ainsi. »

28. — « Ayant entendu cela ils furent tous transportés de colère et ils s'écrièrent : « GRANDE EST LA DIANE DES EPHÉSIENS. »

Paul et ses compagnons voulurent s'expliquer, mais on le fit taire en répétant tous d'une voix pendant deux heures :

GRANDE EST LA DIANE DES EPHÉSIENS

Dans les évangiles, Jésus n'est pas présenté comme un Dieu mais comme un réformateur religieux (ainsi qu'avaient été présentés Zoroastres et Confucius). La mission qu'il se donne (ou qu'on lui donne) est d'affirmer *la paternité*, en l'attribuant à la divinité, et d'affirmer la filiation agnatique : « *Je suis le fils de l'homme* », dit-il sans cesse, alors que

dans le régime antérieur, l'enfant portait le nom de sa Mère.
L'intention est bien manifestement masculiniste. On ne dira
plus qu'une prière, *une seule « le Pater »*, alors que, avant
ce moment on disait « notre Mère ».

— Le Père est Dieu — non plus la Mère.

— Je suis le fils du Père — non plus de la Mère.

— Je suis le fils de Dieu — non plus de la Déesse.

Tous les auteurs ont soigneusement caché le but réel de la
révolution religieuse de cette époque parce qu'il donnait à
l'homme une place prépondérante dans la société et dans la
famille, et c'est pour cela qu'on a dit que l'aube du christianisme commença la crise du féminisme.

Il faut arriver à Bachofen pour trouver un auteur qui ose
affirmer que le christianisme est venu donner un appui religieux au droit romain — qui écrasa la Femme.

Réaction Théogonique

La prétention des chrétiens de résumer tous les Dieux du
passé dans leur Dieu-Père unique — quoique divisé en
trois personnes masculines, amena une formidable réaction
qui se manifesta d'abord dans la doctrine des Gnostiques qui
voulurent retourner à la religion antique et remettre dans le
monde la Déesse sous le nom de Sophia. Ensuite dans ce
qu'on a appelé l'hérésie de Manès.

Les Manichéens soutenaient que la Divinité représente le
dualisme humain, qu'Elle renferme les deux principes (humain et divin, c'est à dire masculin et féminin). Comme les
Gnostiques, ils appelaient Sophia la moitié féminine, que les
chrétiens avaient supprimée, et ils en faisaient « la Mère de
la vie », l'âme de la matière.

Les chrétiens nient leur doctrine et pour les discréditer les
accusent de toutes sortes d'abominations.

Manès leur répond : « Nous ne faisons pas comme vous,
nous n'employons pas la force pour imposer notre croyance,
mais la raison toute pure ».

Les Manichéens persécutés se constituèrent en société
secrète et continuèrent leur propagande. Quelques siècles
plus tard ils reparurent sous le nom de « Catharres » (les purs).

Les Vaudois et les Albigeois, qui furent massacrés par les chrétiens, étaient des catharres.

Il faudrait des volumes pour retracer les infamies commises par les Prêtres contres les Femmes depuis leur triomphe jusqu'à nos jours. Je veux seulement rappeler le meurtre d'Hypathie, cette savante qui enseignait la philosophie à Alexandrie et fut massacrée dans l'église de Césarée ; puis les hécatombes du moyen-âge dans lesquelles périrent toutes les libres-penseuses, toutes les savantes parmi lesquelles se trouvaient nombre de *médeciennes* (les doctoresses de cette époque). Toutes étaient accusées de sorcellerie.

Jusqu'à la Renaissance on ne discute guère la divinité que dans son ancienne forme humaine — les deux natures des anciens Dieux et des anciennes Déesses terrestres.

Ces discussions n'étaient, au fond, que le besoin de justifier, par une casuistique embrouillée, la substitution du sexe de la Divinité ; tout le moyen âge y fut employé (1).

Et c'est seulement quand la Femme fut suffisamment avilie pour ne plus oser faire entendre la voix de la raison que l'on commença à discuter la Divinité dans sa forme céleste et universelle. Alors le mensonge divin s'épura en s'élevant jusqu'au principe cosmique qui régit l'univers. Dès lors la discussion entra dans une nouvelle phase philosophique.

FÉNELON

Fénelon écrivant un livre intitulé : « *Les Preuves de l'existence de Dieu* », nous montre par là que de son temps on discutait cette existence. Il est curieux de voir comment il défend cette thèse en mêlant sous le nom de « *Dieu* » la force cosmique et la puissance morale de l'antique Déesse.

Il invoque l'ancienne métaphysique d'Aristote pour prouver

------

(1) Jean Reynaud trouve que le Christianisme a *épuisé l'idée de Dieu,* « tandis qu'ils (les chrétiens) n'y ont vu ni l'une ni l'autre face, ni l'histoire, ni le monde, ni la nature, ni la providence. Le moyen-âge a entièrement méprisé Dieu *le père* ».

la nécessité d'un Dieu, premier moteur de l'univers, c'est à dire donnant la première impulsion à la matière.

Il ne sait pas que la *force* sort de la substance elle-même, il ignore l'électricité, et sa physique est enfantine.

Il voit Dieu dans la nature et ce qu'il dit à ce sujet nous fait savoir que de son temps la plupart des hommes ne partageaient pas sa foi naïve, Il dit :

« O mon Dieu ! si tant d'hommes ne vous découvrent point dans le beau spectable que vous leur donnez de la Nature entière, ce n'est pas que vous soyez loin de chacun de nous, chacun de nous vous touche comme avec la main, mais les sens et les passions qu'ils excitent emportent toute l'application de leur esprit. Ainsi, Seigneur, votre lumière luit dans les ténèbres et les ténèbres sont si épaisses qu'elles ne la comprennent pas ; vous vous montrez partout et partout les hommes distraits négligent de vous apercevoir. Toute la nature parle de vous et retentit de votre saint nom, mais elle parle à des sourds. Vous êtes auprès d'eux et au dedans d'eux ; mais ils sont hors d'eux-mêmes. Ils vous trouveraient s'ils vous cherchaint, ô douce lumière ! O éternelle bonté, toujours ancienne et toujours nouvelle, ô fontaine de chaste délices ! »

Si nous reproduisons ces rêves d'une imagination exaltée c'est pour avoir une occasion de dire que rien dans la nature ne nous montre le Dieu que Fénelon y voit.

Il continue et arrive à parler des preuves tirées de la nécessité d'une puissance morale dirigeant l'humanité. Et c'est là que nous voyons la conscience instinctive de l'homme cherchant des Dieux à aimer et à suivre parce que dans sa jeunesse philogénique il a connu des Déesses qu'il a aimées et suivies. Une profonde empreinte laissée dans son esprit y a laissé un atavisme d'amour et de soumission qui veut renaître, et ne sachant plus où se poser (les Déesses ayant été avilies il n'oserait plus les aimer) il cherche des Dieux — ou un Dieu — à qui il puisse adresser l'antique hommage qui déborde de son cœur. Il nous peint donc Dieu comme la source de la vérité en même temps que de la bonté sans bornes — il ajoute :

« Dès que vous supposez que Dieu seul doit avoir d'abord *tout votre amour*, et qu'ensuite *cet amour* ne se répand sur le moi que comme sur les autres biens bornés, à proportion de ses bornes, la religion se trouvera toute développée *dans notre cœur* ; il n'y a qu'à *laisser l'homme à son propre cœur*, s'il est vrai qu'il ne s'aime que de l'amour de Dieu et que *l'amour-propre* n'est plus écouté. En ce cas, il ne reste plus aucune question sur le culte divin. « Il n'y a point d'autre culte que l'amour », dit saint Augustin. C'est le règne de Dieu au dehors de nous ; c'est l'adoration en *esprit* et en *Vérité*. Il ne nous a donné de l'amour qu'afin que nous l'aimions. *Il faut rétablir l'ordre en renversant le désordre qui a prévalu.* Il faut mettre Dieu, qui est le tout, en la place que le moi occupait, comme s'il eut été le tout, le centre et la source universelle. »

Cette page serait admirable si au lieu de s'adresser à un Dieu créé par l'orgueil de l'homme, elle s'adressait tout simplement à la Femme divine.

Fénelon qui reproche aux hommes leur amour-propre, c'est à dire l'amour du *moi masculin*, tombe dans la même faute puisqu'il veut les amener à l'adoration de sa propre image (le Dieu mâle), infiniment amplifiée par l'orgueil accumulé des générations de prêtres.

Quand il dit en pleine époque chrétienne : *Il faut rétablir l'ordre en renversant le désordre qui a prévalu*, il exprime une grande vérité, mais il ne la comprend pas lui-même, puisqu'il ne voit pas que le désordre, dans la vie morale, a sa source dans la substitution de sexe de la Divinité ; il ne voit pas que c'est le christianisme qu'il défend, qui a renversé l'ordre en anéantissant le régime antique, et crée le désordre qu'il reproche maintenant à ceux qui ne le suivent pas.

ETAT ACTUEL DES CROYANCES

Si nous considérons l'état actuel des croyances qui règnent dans le monde, nous voyons que, en dehors de ceux qui suivent une religion, l'humanité est divisée en deux grandes catégories : les *Déïstes*, les *Anti-Déïstes*.

Ces deux catégories se décomposent en divers groupes :

Les Déïstes peuvent être des spirites, des théosophes, ou des philosophes spiritualistes, tels Voltaire, Georges Sand, Victor Hugo, Lamartine, Jules Simon, Renan, Darwin et Pasteur (Je cite ces deux derniers parmi les philosophes, peut-être à tort, car tous les deux étaient des croyants qui pratiquaient encore leur religion).

Il est curieux de chercher comment chacun explique le Dieu auquel il croit.

Beaucoup gardent à la fois, dans l'esprit, les deux formes de l'*idée Divine*, la forme originelle (Divinité morale) et la forme cosmique (Dieu-Créateur).

La première forme répond à leur besoin de trouver dans le monde un Être supérieur qui les dirige. La seconde répond à leur ignorance des lois de la physique universelle.

Comme tous les hommes se copient et se répètent, nous voyons toujours revenir les mêmes arguments.

— Voltaire était déïste à la manière de Fénelon. Il dit :

« Vous jugez que j'ai une âme intelligente, parce que vous apercevez que j'ai de l'ordre dans mes paroles et dans mes actions ; jugez donc, en voyant l'ordre de ce monde, qu'il y a une âme souverainement intelligente. »

> Tout annonce d'un Dieu l'éternelle existence ;
> On ne peut le comprendre, on ne peut l'ignorer.
> La voix de l'Univers atteste sa puissance,
> Et la voix de nos cœurs dit qu'il faut l'adorer.
>
> VOLTAIRE.

C'est Voltaire qui a dit ce mot fameux : « Si Dieu n'existait pas il faudrait l'inventer ».

Et cependant, dans la vie réelle il revient à la Religion naturelle qui sommeille au cœur de l'homme et il appelle Mme Duchâtelet « La Divine Emilie ».

— Le déïsme de Darwin a été dissimulé par ses disciples. Il n'en est pas moins la base de sa doctrine : il admet des transformations dans les espèces créées, mais c'est Dieu qui les a créées.

Voici un exemple de cette littérature, dite scientifique (pris dans l'*Origine des Espèces*, page 202. Traduction Moulinié) : comparant l'œil a un instrument d'optique, il dit : « Avons-nous le droit de supposer que *le Créateur* mette en jeu des forces intelligentes analogues à celles de l'homme ? » « Ne pouvons-nous admettre qu'un instrument optique vivant, aussi supérieur à un appareil de verre que le sont *les œuvres du Créateur* vis à vis de celles de l'homme, ait pu se former... etc. »

— Le Déïsme de Pasteur a été plus affirmatif et surtout plus combatif. Lorsque en 1863 deux savants, Pouchet et Joly, apportèrent à l'Académie des Sciences la grande découverte de la génération spontanée, c'est à dire de l'apparition de la vie sans intervention Divine, Pasteur — alors obscur — s'éleva avec véhémence contre cette théorie à laquelle il opposa celle des *germes atmosphériques*, inventée par Schwann en 1839. Ce savant allemand qui venait d'apporter à la science la découverte de la constitution cellulaire des corps vivants sentant que le microscope allait porter un coup mortel à la théologie, voulut, par esprit religieux, atténuer les conséquences de sa découverte en disant : « *Les corps vivants se forment, en effet, par le développement de la cellule, mais la cellule primitive c'est Dieu qui l'a créée — l'atmosphère est remplie de germes de création Divine.* » Et cela s'appela la « Théorie des germes atmosphériques » ou Panspermie.

Lorsque Pasteur voulut combattre Pouchet et Joly, il reprit cette vieille idée qui avait été abandonnée — et opposa à la génération spontanée les *germes atmosphériques* que, plus tard, on appela *microbe*.

Ceux qui ont suivi ces luttes savent que la théologie en a été la base, que le microbe n'a jamais été montré ni à Pouchet, ni à Joly, ni à Béchamp qui a fait voir que ce qu'on appelle *microbe,* c'est le *microzimas,* né dans l'organisme même, lequel ne provient nullement des *germes divins.*

Le triomphe de ces deux doctrines Déïstes, le *Darwinisme* et le *Microbisme,* et leur propagation par les libres-penseurs dits matérialistes, est un phénomène curieux révélant l'état actuel de la mentalité des hommes. On dirait qu'un instinct secret les avertit que la suprématie masculine est née avec le Dieu masculin et qu'elle est liée à l'existence de ce Dieu. Ils l'affirment et cependant le nient, le veulent et ne le veulent pas et cherchent à remettre dans la science qu'ils font les doctrines tendancieuses qui étaient dans la Théologie.

— Passons dans un autre monde.

Voici ce que pense de la Divinité un mystique suédois, Swedenborg : « Il faut surtout, dit-il, avoir une idée juste de Dieu, car tout le corps de la Théologie en dépend comme une chaîne dépend de son premier anneau... Cette idée est comme une pierre de touche avec laquelle on éprouve l'or et l'argent, c'est à dire le bien et le vrai tels qu'ils sont chez l'homme. »

Ceci pourra être interprété diversement, moi j'y vois le sentiment profond, laissé par l'atavisme lointain, qui cherche à se reconstituer et craint les fausses interprétations qui ont altéré la pure idée primitive.

M. Sinnet suit cette même voie, celle de la recherche lointaine — c'est à dire mystique — mais s'il définit mal sa croyance il dit nettement ce qu'il ne croit pas. Il écrit dans le *Boudhisme Esotérique,* page 260 : « Le Dieu de toutes les Eglises, de tous les Crédos, est le mythe le plus absurde, la conception la plus fausse, la plus illogique et la plus dangereuse par ses résultats, qu'ait engendré l'esprit humain. Oui, nous sommes forcés de dire que pour ceux qui ont su trouver la vérité, le Dieu que nous prions et que nous ordonnons n'est rien. »

Beaucoup de penseurs, aujourd'hui, admettent comme les auteurs que je viens de citer, qu'il existe dans le monde une puissance qui domine moralement l'homme et ils cherchent instinctivement l'antique Divinité en remontant dans le passé, ils retournent à la Déesse voilée dans le symbolisme, ils interrogent l'occulte, c'est à dire les sciences qui furent cachées aux époques de brutale négation.

Dans cet ordre d'idée, un cas très curieux est à citer : c'est celui de M. Boutroux. Dans une conférence sur la *Psychologie du Mysticisme*, il définit ainsi le mystique : « C'est celui qui se rapproche de Dieu — Dieu c'est le contraire de l'homme, le mysticisme c'est l'identification de l'esprit de l'homme avec l'esprit Divin. Mais qu'est-ce que le Divin ? Et alors traduisant une phrase de Goëthe il dit : « L'esprit divin c'est l'esprit féminin. » La Vierge éternelle, d'amour de dévouement et de sacrifice, qui est l'essence *Divine* du féminin, nous tire à soi vers les hauteurs. » (Publié dans le *Bulletin de l'Institut de Psychologie*).

— Leconte de Lisle dans les *Poëmes barbares*, jette aussi l'anathème à la fausse Divinité. Il dit :

> « Dieu triste, Dieu jaloux, qui dérobe ta face,
> Dieu qui mentais, disant que ton œuvre était bon,
> Mon souffle, ô pétrisseur de l'antique limon,
> Un jour redressera ta victime vivace.
> Tu lui diras : adore, elle répondra : non. »
>
> *(Caïn contre Iahveh).*

— Garibaldi qui n'avait ni science ni mysticisme, dit sans détours : « Une femme c'est la Divinité qu'on n'implore jamais en vain, quand on implore avec le cœur et surtout quand on implore dans l'infortune. »

C'est la Déesse miséricordieuse qu'il restitue et cet aspect de la question est tout à fait d'actualité. En voici la preuve :

Dans une conférence contradictoire on discutait l'idée Divine. Un pasteur protestant venait de parler, un ouvrier se leva et lui jeta à la tête cette réponse : « Si je meurs de faim, est-ce que c'est votre Dieu qui me donnera du pain ? » Le Pasteur reconnut que cet homme avait raison et cela le fit réfléchir depuis. Si nous citons ce fait c'est pour ajouter qu'il n'y a eu sur la Terre de « Providence Divine » que lorsqu'il y avait des Déesses vivantes, et si aujourd'hui la Femme n'est plus appelée « Divine », elle n'en est pas moins celle qui donne et soulage, celle qui aide à vivre.

Parmi ceux qui ont eu des élans irréfléchis d'enthousiasme pour la Déesse antique je veux encore citer Charles Garnier, l'architecte de l'Opéra, qui lors de son voyage en Grèce, arrivant devant Athènes et apercevant de loin les ruines du Parthénon sur l'Acropole, fut pris soudain d'une émotion si forte qu'il pleura et dit impérieusement à ceux qui l'accompagnaient : « A genoux, Messieurs, voici le monument sacré dans lequel a été résumé le sentiment religieux de la Grèce. Saluons l'Ombre de la Grande Minerve. »

Enfin, tout le monde connaît la prière de Renan à l'Acropole — cette adhésion tardive à la Déesse — suivant son expression (1).

C'est surtout à l'étranger que ce mouvement de revision des idées s'est développé.

Un auteur russe, M. Kousnétzoff écrivait dans la *Revue des Femmes russes* (1er septembre 1896) ceci :

« L'Eve antique a poussé l'homme inerte dans la sphère du savoir ; c'est à l'Eve moderne d'achever la grande mission de son ancêtre qui est de créer la renaissance morale de l'homme en le faisant participer à la réorganisation de la société sur les principes de l'amour tout puissant.

« Et il y aura alors un nouveau ciel et une terre nouvelle » dans lesquels règnera la vérité. Les peuples briseront leurs glaives pour en faire des charrues. La guerre disparaîtra, l'humanité ayant atteint l'unité dans la foi par la conscience de la Vérité ».

Que doit faire la Femme, par quoi doit-elle commencer pour réformer la société actuelle ? Elle doit tout d'abord réveiller l'humanité qui dort d'un lourd sommeil, hypnotisée par les préjugés et les dogmes inertes.

C'est à la Femme qu'appartient de résoudre le problème de l'union universelle des religions en les ramenant à leurs principes communs qui est l'amour sincère de la paix. »

Pour ramener les religions à la paix il faut les ramener à la vérité — puisque c'est l'erreur qui a créé la guerre.

Et ramener les religions à la vérité, c'est supprimer tous les dogmes des Prêtres basés sur le surnaturel, c'est revenir à la Religion naturelle — aspiration du cœur et de la raison de tous. C'est à cela que nous devons travailler.

---

(1) Nous en donnons plus loin un résumé.

« L'homme ne corrige ses lois qu'après avoir corrigé ses Dieux », disait V. Hugo.

C'est pour cela que la première chose que fit la Révolution française, fut de remettre sur l'autel une Femme « la Déesse Raison. »

C'est pour cela peut-être que l'Université voulant avoir un cachet nouveau, y mit la « Minerve moderne ».

Pour en finir avec les déistes, mentionnons encore ceux qui cherchent à expliquer le Dieu-créateur en essayant de décrire la force qui régit l'univers. Si ceux-là supprimaient le mot « Dieu » ils seraient plus près de la science que de la religion. Un effort de ce genre a été fait en 1890 par le philosophe Charles Fauvety.

Dans le monde protestant, les hommes d'avant-garde font une évolution curieuse vers les idées nouvelles. — Le pasteur Wagner, dans *L'Ami* (p. 264), étudiant l'athéisme, dit :

« L'athéisme philosophique provient de plusieurs causes. Au fond, quel Dieu nient-ils ? »

La plupart nous prouvent par leurs écrits et leurs propos que c'est une simple abstraction, une image imprécise, divinité mort-né tombant de l'arbre comme un fruit maladif. Leur négation ne détruit qu'un fantôme. Le noyau résistant de l'idée de Dieu, ils le gardent et, sous d'autres noms, en font des pièces essentielles de leur pensée. La mort des Dieux est une de leurs thèses favorites. Mais ils travaillent, sans le savoir, à leur résurrection.

La forme la plus intéressante de l'athéisme est celle où une conception, jusqu'alors acceptée de la divinité, s'effondre devant les progrès de la conscience humaine. Quand l'homme est devenu plus grand, plus désintéressé, plus équitable et, en somme, meilleur que son Dieu, l'image de celui-ci pâlit et s'éteint au for intérieur. Ces cas d'athéisme supérieur existent. En regardant de près le Dieu officiel, on est obligé d'avouer qu'il n'a que ce qu'il mérite. Si l'ancienne mythologie attribuait aux dieux des mœurs dont rougiraient des humains quelque peu propres, nous ne surprenons que trop souvent dans l'enseignement religieux courant, des doctrines sur Dieu, injustifiables devant la conscience. Puérile, tracassière, rancunière, arbitraire, sa mentalité rappelle celle du despote oriental n'ayant de comptes à rendre à personne.

Il exige une justice qu'il ne pratique pas, impose des douleurs dont il est lui-même exempt. Sa partialité tient du prodige. Son inaltérable sérénité fait un scandaleux contraste avec la misère humaine. Devant un cœur d'homme sincère, dévoué, droit, équitable, clément, cette figure manque de prestige moral.

Et l'attitude de ses défenseurs achève de la compromettre. Ils ont mêlé leur Dieu à trop d'affaires injustes, ils ont trop souvent solidarisé sa cause à la leur, substitué leur masque à son visage.

Qui sait si le vrai Dieu (la Déesse) n'a pas rompu avec ses champions attitrés pour aller habiter incognito le cœur de ceux qui ne le nomment pas, mais vivent de sa vie ? En tous cas, la situation est grave. Elle exige les réflexions et les efforts de tous les hommes religieux, et principalement de ceux qui ont charge d'âmes.

Par quel filtre de repentir, de douleur, de labeur obstiné, ne devra pas passer notre conception de Dieu, pour ressortir limpide, salutaire, libératrice, comme elle jaillissait du cœur des vieux prophètes.

Mais ils se trompent, les athées convaincus qui parlent de la disparition de Dieu, ou qui pensent devoir le déraciner de nos âmes, afin d'en extirper les tares d'une religion momifiée démoralisante, schismatique, étroite, adversaire de la liberté et du progrès humain. L'homme a besoin de Dieu.

Plutôt que de s'en passer, il serrera dans ses bras de pauvres fétiches. Si vous voulez le délivrer de l'esclavage des doctrines étouffantes, donnez-lui une conception de Dieu où l'on respire à l'aise.

Le mal ne doit pas nous faire oublier le bien. L'idée de Dieu a brillé sur l'humanité d'une immense clarté. Vous-même, par atavisme, en restez imprégné. On ne la remplacera jamais par rien que par elle-même, purifiée, remise au point du degré nouveau de conscience et de vie sociale. Que tous les hommes de bonne volonté suivent chacun leur chemin, fassent leur œuvre désintéressée. Un jour, ils auront amassé, dans la peine et l'angoisse, les matériaux d'un édifice religieux nouveau, largement ventilé, hospitalier, digne de Dieu et de l'humanité.

Ce jour-là nous devrons une reconnaissance particulière

aux travailleurs de la première heure, y compris *les pieux Athées*, que l'insuffisance des religions existantes avait jetés dans la négation et fait se replier sur eux-mêmes pour chercher mieux. »

Arrivons aux Athées modernes.

Les anti-déistes nient tous la Divinité, mais si on leur demande d'expliquer leur négation, les réponses varient, comme varient les affirmations des Déistes.

Les uns nient le Dieu-créateur, le Dieu cosmique, parce que les lois physiques suffisent pour expliquer l'Univers et rendent inutile son intervention.

C'est ce que pensait Laplace quand il disait à Napoléon qui lui demandait ce qu'il faisait de Dieu : « Nous n'avons pas besoin de cette hypothèse. »

C'est aussi ce que pensait Emile Accolas quand il disait : « Si Dieu existait, il faudrait le supprimer. »

Parmi les anti-déistes, il en est d'autres qui nient Dieu parce que cette idée représente, à leur mentalité, une puissance morale supérieure à la leur et qu'ils se considèrent comme personnifiant le terme suprême de la vie humaine.

C'est le cas de Nietzsche disant : « S'il existait des Dieux, comment supporterais-je de ne pas être un Dieu. Donc, il n'y a pas de Dieu. »

C'est la négation par orgueil. ·

Cela faisait dire a Stirner : « Le seul vrai Athée est celui qui n'adore que soi et se proclame *l'unique*. Encore y a-t-il un Dieu qui est lui-même. »

Ces négateurs se disent *matérialistes*, mais leur matérialisme ne nie pas seulement l'esprit dans l'Univers, c'est en même temps une négation de la loi morale sur la terre, et c'est ce qui donne à leur doctrine — aux yeux de leurs adversaires — un sens grossier. Ils nient l'esprit de la Femme, le génie féminin, c'est à dire les attributs de l'ancienne Déesse, autant que le Dieu-créateur, ils font une science appelée *anthropologie* (science de l'homme), qui ne veut voir qu'un sexe dans l'humanité comme les anthropomorphistes ne voulaient voir qu'un sexe dans la Divinité. Quand ils s'occupent de la Femme c'est pour lui chercher des tares, lui trouver des infériorités — qu'Elle n'a pas. — En mettant *tout* dans l'homme ils se rapprochent de l'état mental des prêtres qui avaient mis *tout* dans les Dieux.

Ce sont des prêtres laïques — qui font un dogmatisme aussi intolérant que les Prêtres religieux — et le défendent avec le même fanatisme et la même prétention à l'infaillibilité. Du reste, leur science n'a pas la sanction de l'esprit féminin et ils aboutissent, comme les religions, au triomphe de la force.

Conclusion

L'étude que nous venons de faire prouve que la question divine est un problème qui a une importance capitale.

Un homme intuitif, le Père Hyacinthe l'a compris quand il disait un jour dans une de ses conférences :

« Quelque chose de vague, de menaçant ou de souriant se dessine dans l'avenir de la théologie. »

C'est que, en effet, puisque « *l'homme ne corrige ses lois qu'après avoir corrigé ses dieux* » la rénovation sociale ne se fera qu'en remettant dans le monde la RELIGION NATURELLE qui refera une nouvelle vie morale à l'humanité.

Et c'est la vie morale rénovée qui refera la vie sociale.

FIN

APPENDICE

Conversion de Renan a l'Antique Religion Naturelle

Renan appelle le Temple de la Déesse « L'idéal cristallisé en marbre pentélique ».

« Quand je vis l'Acropole, dit-il, j'eus la révélation du « Divin », le miracle grec, dont l'effet durera éternellement, type de beauté éternelle.

« Il y eut un peuple d'aristocrates, un public tout entier composé de *connaisseurs*. Il y eut un public pour comprendre ce qui fait la beauté des Propylées et la supériorité des sculpteurs du Parthénon. Cette révélation de la grandeur vraie et simple m'atteignit jusqu'au fond de l'être. Tout ce que j'avais connu jusque-là me semble l'effort maladroit d'un art jésuitique, un rococo composé de pompe niaise, de charlatanisme et de caricature. Ce sérieux, cette droiture, me faisaient rougir d'avoir, plus d'une fois, sacrifié à un idéal moins pur. Les heures que je passai sur la colline sacrée étaient des heures de prières. Toute ma vie repassait comme une confession générale devant mes yeux.

Prière que je fis sur l'Acropole
quand je fus arrivé a comprendre la parfaite beauté

(*Extrait*)

« Oh noblesse ! Oh beauté simple et vraie, Déesse dont le culte signifie raison et sagesse, toi dont le temple est une leçon éternelle de conscience et de sincérité, j'arrive tard au seuil de tes mystères ; j'apporte à ton autel beaucoup de remords. Pour te trouver il m'a fallu des recherches infinies. L'initiation que tu conférais à l'Athénien naissant par un sourire, je l'ai conquise à force de réflexions, au prix de longs efforts.

« ...Des Prêtres prirent soin de m'élever. Leurs temples sont trois fois hauts comme le tien, seulement ils ne sont pas solides, ce sont des fantaisies de barbares qui s'imaginent qu'on peut faire quelque chose de bien en dehors des règles que tu as tracées à tes inspirés, ô Raison. Mais ces temples me plaisaient, on y chantait des cantiques : « Salut étoile de la mer, Reine de ceux qui gémissent en cette vallée de larmes », ou bien : « Rose mystique, Tour d'ivoire, Maison d'or, Étoile du Matin » (1).

« Quand je me rappelle ces chants mon cœur se fond. Si tu savais, Déesse, comme il est difficile de te servir. Toute noblesse a disparu. De pesants hyperboréens appellent *légers* ceux qui te servent, une ligue de toutes les sottises étend sur le monde un couvercle de plomb sous lequel on étouffe. Même ceux qui t'honorent, qu'ils doivent te faire pitié !

« Te rappelles-tu ce jour où un laid petit Juif (saint Paul) parlant le grec des Syriens, parcourut tes parvis sans te comprendre, lut tes inscriptions tout de travers et crut trouver dans ton enceinte un autel dédié à un Dieu, qui serait un *Dieu inconnu* (le Dieu des Chrétiens). Eh bien ce petit Juif l'a emporté ; pendant mille ans on l'a traité d'idole. O Vérité, pendant mille ans le monde a été un désert où ne germait aucune vérité. Durant ce temps tu te taisais, ô Salpinx, clairon de la pensée, Déesse de l'ordre, image de la stabilité céleste, on était coupable *pour t'aimer*, et aujourd'hui qu'à force de consciencieux travail nous avons réussi à nous rapprocher de toi, on nous accuse d'avoir commis un crime contre l'esprit humain (masculin) en rompant nos chaînes.

...« Toi seule est jeune, ô Cora, toi seule est pure, ô vierge ; toi seule est saine, ô Hygie ; toi seule est forte, ô victoire. Les cités tu les gardes, ô Promachos. La paix est ton but, ô Pacifique ! Législatrice, source des constitutions justes, Démocratie apprends-nous à extraire le diamant des sources impures. Providence, ouvrière divine, mère de toute industrie,

---

(1) Il faut remarquer que Renan, comme presque tous les séminaristes, n'a été ému dans la religion que par ce qui s'adresse à la femme. C'est que cela seul éveille le sentiment religieux latent dans le cœur de tous les hommes.

protectrice du travail, ô Ergané, toi qui fais la noblesse du travailleur civilisé et le mets si fort au-dessus du paresseux. Sagesse, énergie, étincelle qui allume et entretiens le feu (de l'esprit) chez les héros et les hommes de génie, fais de nous des spiritualistes accomplis, donne-nous, comme aux Athéniens, l'esprit c'est-à-dire la vraie joie, l'éternelle gaîté, la divine enfance du cœur.

« Le monde ne sera sauvé qu'en revenant à toi, en répudiant ses attaches barbares. Courons, venons en troupe. Quel beau jour que celui où toutes les villes qui ont pris les débris de ton Temple, Venise, Paris, Londres, Copenhague, répareront leurs larcins, formeront des théories sacrées pour rapporter les débris qu'elles possèdent en disant : « Pardonne- « nous Déesse ! c'était pour les sauver des mauvais génies de « la nuit » et rebâtiront tes murs.

« Ferme, en toi, je résisterai à mes fatales conseillères, à mon scepticisme, à mon ingratitude d'esprit qui, quand le vrai est trouvé me fait chercher encore, à ma fantaisie qui, après que la raison a prononcé m'empêche de me tenir en repos.

« O, Archegète, idéal que l'homme de génie incarne en ses chefs-d'œuvre, j'aime mieux être le dernier dans ta maison que le premier ailleurs. Oui, je m'attacherai au stylobate de ton Temple, j'oublierai toute discipline hormis la tienne. Pour toi je me ferai, si je peux, intolérant, partial. Je n'aimerai que toi. Je vais apprendre ta langue et desapprendre le reste. J'arracherai de mon cœur toute fibre qui n'est pas raison et art pur. Je cesserai d'aimer mes maladies, de me complaire en ma fièvre. Soutiens mon ferme propos, ô Salutaire, aide-moi, ô toi qui sauve !

« Que de difficultés, en effet, je prévois ! Que d'habitudes d'esprit j'aurai à changer ! Que de souvenirs je devrais arracher de mon cœur. Tard je t'ai connue, beauté parfaite, j'aurai des retours, des faiblesses ; une philosophie — perverse sans doute — m'a porté à croire que le bien et le mal, le plaisir et la douleur, le beau et le laid, la raison et la folie, se transformaient les uns dans les autres par des nuances indiscernables.

« Tous ceux qui, jusqu'ici, ont cru avoir raison se sont trompés, nous le voyons clairement, »

TABLE DES MATIÈRES

IMPRIMERIE MAURICE DORMANN, 16, RUE SAINT-MARS, ETAMPES.

ÉTAMPES. — IMP. M. DORMANN, 16, RUE ST-MARS, TÉL.